Excel 2023

Mark Beverly

Excel 2023

ISBN : 9798851284090
10 9 8 7 6 5 4 3 2 1

OBTENEZ VOTRE LIVRE MAINTENANT !

Salutations et bienvenue ! C'est un honneur de s'adresser au meilleur public du monde. Je suis ravi que vous ayez choisi mon "Excel 2023". Je suis ravi d'avoir la chance de vous aider sur la voie de l'amélioration des compétences techniques pour votre carrière. Je voulais prendre un moment pour vous remercier de votre confiance en moi, je voudrais vous offrir un eBook supplémentaire, "Productivité Bonus et Bonus de gestion du temps", en signe de ma gratitude. Pour le télécharger, suivez simplement les instructions ci-dessous.

Encore une fois, merci pour votre soutien et j'espère sincèrement que ces deux publications vous aideront dans votre cheminement.

Pour télécharger votre livre, scannez le QR code ci-dessous !

SCAN ME

Vous n'avez pas besoin de saisir de données personnelles.

Table des matières

Introduction

"Un voyage passionnant est sur le point de commencer, qui vous aidera à démêler la complexité du programme Excel le plus récent et à maximiser ses capacités. Nous avons créé "Excel 2023 : Le guide illustré complet pour maîtriser toutes les fonctions et formules essentielles en moins de 18 minutes par jour" en étant conscient des problèmes d'apprentissage que l'on peut rencontrer, en particulier avec des logiciels aussi compliqués qu'Excel 2023. Notre engagement à fournir des instructions étape par étape, des exemples clairs et des informations d'initiés sont notre façon de garantir que votre expérience avec Excel est moins intimidante et plus agréable.

Les chapitres de ce livre sont organisés pour vous fournir une compréhension approfondie de la myriade de fonctionnalités d'Excel, des plus élémentaires aux plus compliquées. En commençant par un aperçu général d'Excel et du pack Office 365, nous explorons comment utiliser efficacement l'interface, en nous assurant que vous êtes familiarisé avec l'environnement du logiciel avant de passer à des éléments plus compliqués. Vous pouvez vous attendre à un examen approfondi des capacités et des avantages d'Excel 2023, vous permettant de comprendre les formidables possibilités offertes par ce programme.

Au fur et à mesure que nous parcourons le livre, chaque chapitre est consacré à décomposer les complexités des processus d'Excel, vous permettant d'utiliser pleinement son potentiel. Nous avons travaillé dur pour nous assurer que chaque opération est bien expliquée, avec des exemples pratiques et des exercices pour vous aider à appliquer immédiatement ce que vous avez appris. Chaque exemple et démonstration est accompagné de graphiques uniques pour offrir une expérience d'apprentissage plus pratique, garantissant que vous ne faites pas que lire, mais aussi imaginer et faire.

Cependant, notre aventure ne se termine pas avec des explications et des démonstrations. Nous allons encore plus loin en vous guidant tout au long du processus d'apprentissage des compétences de production de tableaux, de graphiques et de feuilles de calcul intelligentes. Vous apprendrez à communiquer efficacement et de manière convaincante vos données, ce qui est essentiel dans l'environnement actuel axé sur les données. À la fin de ces chapitres, vous serez en mesure de formater, d'arranger et d'organiser vos données pour une lisibilité et une utilité maximales tout en apprenant quelques astuces pour gagner du temps.

Les erreurs sont inévitables et, lorsqu'elles se produisent, elles peuvent causer de l'irritation et des déceptions. Pour éviter cela, nous avons inclus un chapitre qui couvre en particulier les gaffes professionnelles typiques. Nous voulons vous aider à identifier ces dangers dès le début et vous donner les meilleures pratiques et des outils de dépannage pour rendre votre voyage Excel aussi simple et efficace que possible.

Au fur et à mesure que nous avancerons dans les chapitres, nous plongerons profondément dans le domaine puissant des tableaux croisés dynamiques, un outil essentiel pour une analyse de données réussie. Avec des instructions simples et étape par étape qui rendent la procédure moins effrayante, vous aurez l'occasion d'apprécier leur valeur dans l'analyse des données et la création de rapports. Vous apprendrez également comment Excel peut être un outil flexible dans une variété de scénarios commerciaux et personnels, avec des exemples concrets et des études de cas à l'appui.

Vous découvrirez des goodies incroyables à la fin. Ce sont des suggestions de productivité et de gestion du temps spécifiques à Excel qui vous aideront à améliorer votre flux de travail. Vous aurez également accès à des modèles téléchargeables qui peuvent être utilisés comme point de départ pour vos projets, vous faisant gagner du temps et des efforts.

Pour le dire simplement, ce livre est un compagnon, qui vous accompagnera pendant que vous explorez les profondeurs d'Excel

2023, rendant votre expérience d'apprentissage éclairante, éducative et fascinante. Nous vous invitons à embarquer dans ce voyage, prêt à découvrir la myriade de fonctions qu'Excel 2023 a à offrir et à devenir un maître dans l'utilisation de ce programme à sa pleine capacité en moins de 18 minutes chaque jour.

Ce livre est organisé d'une manière qui suit un chemin progressif, en commençant par les principes fondamentaux d'Excel et en plongeant finalement dans les fonctionnalités les plus complexes du programme. Par conséquent, nous vous conseillons de commencer par le premier chapitre et de parcourir le livre dans l'ordre dans lequel il a été écrit. Vous aurez une base solide sur laquelle construire après avoir terminé cet exercice avant de passer à des sujets plus difficiles. N'accélérez pas les chapitres ; prenez plutôt le temps d'appliquer les exemples et exercices inclus. L'application dans le monde réel est l'approche la plus efficace pour consolider les connaissances nouvellement acquises.

La pertinence des instances fournies dans le monde réel ne peut être surestimée. Arrêtez-vous chaque fois que vous rencontrez l'un de ces exemples et voyez si vous pouvez le reproduire à l'aide du programme Excel avec lequel vous travaillez. L'application pratique des sujets que vous avez appris améliorera considérablement vos connaissances et votre capacité à les mémoriser.

Il est important de porter une attention particulière aux images et aux graphiques qui accompagnent le texte. Votre compréhension des procédures Excel présentées sur ces photos, sélectionnées avec le plus grand soin, s'améliorera considérablement. Afin d'obtenir une connaissance directe des processus, vous devez utiliser votre copie d'Excel pour recréer les procédures représentées sur ces photos.

En plus de cela, une partie importante de ce livre est consacrée à la résolution des erreurs fréquentes et à la fourniture de conseils sur la manière de les corriger. Si vous rencontrez des problèmes lors de l'utilisation d'Excel, reportez-vous aux informations contenues dans cette section. Non seulement cela vous aidera à résoudre le problème en question, mais cela vous aidera également à comprendre les erreurs typiques que vous devriez éviter.

Enfin, profitez des avantages de productivité, des tactiques de gestion du temps et des modèles téléchargeables qui sont à votre disposition. Ils sont proposés pour vous aider à travailler plus efficacement et plus rapidement, maximisant ainsi votre utilisation d'Excel 2023. Les modèles peuvent servir de base à vos projets, que vous pouvez ensuite adapter pour répondre à vos besoins spécifiques en utilisant les informations que vous fournissez."

Chapitre 1

Présentation d'Excel et du Pack Office 365

"De nos jours, Microsoft Excel est un logiciel essentiel à avoir. Depuis son introduction dans les années 1980, il détient un monopole quasi absolu sur le marché des tableurs et est l'un des acteurs les plus importants de l'industrie de la gestion et de l'analyse des données. Excel, qui est inclus dans le package Office 365, est plus qu'un simple programme autonome ; il s'agit plutôt d'un composant puissant d'une suite complète d'outils destinés à augmenter la productivité et l'efficacité. Ces outils ont été développés par Microsoft.

Image 1.1: Applications Office 365

Excel a une grande variété de fonctions qui peuvent être utilisées pour une variété de raisons différentes. Le large éventail d'utilisations d'Excel couvre les sphères personnelles, académiques et professionnelles et comprend tout, du simple stockage de données à l'analyse financière complexe. Dans le domaine des affaires, il est utile en termes de budgétisation, de gestion de projet et de communication d'informations financières. En attendant, les chercheurs du monde universitaire utilisent souvent Excel à des fins de collecte de données et d'analyse statistique. Excel est un outil utile pour gérer l'argent personnel, planifier des événements et garder un œil sur les objectifs personnels.

La force d'Excel réside dans sa flexibilité pour organiser et modifier les données de différentes manières. Son interface simple pour organiser les informations est rendue possible par sa grille de lignes et de colonnes, qui fonctionne un peu comme un canevas pour les données affichées. Les opérations mathématiques et logiques d'Excel, ainsi que ses compétences pour trier et filtrer les données et ses fonctionnalités de visualisation des données, aident à convertir les données brutes en informations qui ont du sens.

La valeur d'Excel a augmenté suite à son intégration dans le bundle Office 365. Office 365, ou Microsoft 365 comme on l'appelle actuellement, est une suite d'applications de productivité hébergées dans le cloud. En plus d'Excel, il est livré avec Word, PowerPoint, OneNote, Outlook et d'autres applications. La capacité d'Excel est étendue en raison de la manière dont différents programmes peuvent communiquer entre eux.

Excel, étant un composant d'Office 365, a une excellente compatibilité avec les autres applications incluses dans la suite. Un exemple de ceci serait la façon dont une analyse de données effectuée dans Excel peut être instantanément fusionnée dans une présentation créée dans PowerPoint ou un rapport créé dans Word. En raison de cette compatibilité, il n'est pas nécessaire de passer d'une application à l'autre, ce qui se traduit par un processus plus rationalisé, un gain de temps et une réduction des risques d'erreurs.

De plus, comme les fichiers Excel stockés dans Office 365 sont hébergés dans le cloud, ils peuvent être consultés et modifiés depuis n'importe quel appareil, à tout moment et depuis n'importe quel endroit. Ce type d'accessibilité est très nécessaire dans le milieu de travail d'aujourd'hui, qui se caractérise de plus en plus par la prévalence du travail à distance et du travail d'équipe. Un membre de l'équipe peut apporter des modifications à une feuille de calcul Excel partagée, et ces modifications deviendront instantanément visibles pour tous les autres membres de l'équipe. Cela aide à encourager la collaboration en temps réel et garantit que tout le monde est sur la même longueur d'onde.

L'importance de la place d'Excel au sein de la suite Office 365 ne peut être surestimée d'un point de vue pédagogique. Étant donné qu'Excel et d'autres applications Office ont des interfaces utilisateur très similaires et partagent bon nombre des mêmes fonctionnalités, être un expert Excel implique souvent de maîtriser l'utilisation de toutes les applications Office. Par conséquent, la connaissance d'Excel peut servir de tremplin pour devenir expert dans l'ensemble du package Office 365.

En un mot, Excel est un outil inestimable qui peut être utilisé dans une grande variété de contextes et à des fins diverses. En tant que composant de l'ensemble Office 365, ses fonctionnalités sont améliorées, ce qui se traduit par une expérience rationalisée et intégrée qui favorise la productivité et la collaboration. Excel vous fournit les outils et les fonctionnalités pour rendre les activités dont vous avez besoin plus simples et plus efficaces, que vous soyez un étudiant, un professionnel ou quelqu'un qui essaie simplement d'organiser votre vie quotidienne plus efficacement. Dans un monde de plus en plus axé sur les données, il est impossible de surestimer l'importance d'Excel et son rôle dans la suite Office 365."

"Comprendre le pack Office 365 et ses composants

La transition vers Microsoft 365

Microsoft a toujours vendu Office sous forme de licence unique, mais avec la sortie du pack Office 365, le géant du logiciel se tourne vers un modèle dans lequel les utilisateurs paient des frais mensuels pour accéder aux logiciels Office. Microsoft 365 était auparavant connu sous le nom d'Office 365 jusqu'en 2020, date à laquelle il a été renommé pour refléter les capacités étendues du produit et l'inclusion de nouveaux services. La transition vers Microsoft 365 signifie un changement majeur dans la méthode d'utilisation des produits Office par les utilisateurs. Cette transformation offre une flexibilité supplémentaire, des mises à niveau fréquentes et de nouvelles fonctionnalités qui ne sont pas accessibles dans les versions autonomes d'Office.

L'approche par abonnement vise à garantir que les clients utilisent toujours les outils de productivité les plus récents et les plus avancés. Les abonnés obtiennent toujours les mises à jour les plus récentes, qui incluent toutes les fonctionnalités et améliorations les plus récentes. Pour cette raison, il est garanti que les clients disposent toujours des versions les plus récentes des applications, ce qui élimine le besoin de mises à jour importantes et élimine les soucis de compatibilité.

De plus, Microsoft 365 comprend plus que la simple suite Office. Il s'agit d'un écosystème pour augmenter votre productivité qui intègre des services supplémentaires, notamment le stockage dans le cloud via OneDrive, Skype et Teams. Ces services offrent une expérience unique qui facilite le travail collaboratif et l'accès à distance, et ils sont intégrés de manière totalement transparente avec les applications Office.

Explorer les applications Microsoft 365

La suite Microsoft 365 comprend une grande variété de programmes logiciels puissants. Les programmes Microsoft Office traditionnels tels que Word, Excel, PowerPoint et Outlook sont inclus dans cette suite et servent de base. Chacun d'eux sert un objectif spécifique en soi. Lorsqu'il s'agit d'écrire et de modifier des documents écrits, Word est le programme de choix. Excel excelle dans la gestion et l'analyse des données. La référence en matière de développement de présentations dynamiques est Microsoft PowerPoint. Outlook est un client de messagerie et une application de calendrier qui offre un large éventail de fonctionnalités.

Microsoft 365 permet aux utilisateurs d'accéder à une large sélection d'autres outils en plus de ces programmes principaux. OneNote est un bloc-notes numérique, tandis qu'Access et Publisher sont des programmes spécialisés pour la gestion des bases de données et la publication assistée par ordinateur, respectivement. OneNote est l'équivalent numérique d'un bloc-notes. Une équipe est un outil de collaboration et de communication, et Power BI est un service qui fournit des analyses d'entreprise. Ce sont deux des ajouts les plus récents au package. La valeur de l'adhésion à Microsoft 365 est augmentée par chacun de ces produits, qui fournit aux clients une collection complète de ressources pour répondre à toutes leurs exigences de productivité.

La puissance de la productivité basée sur le cloud

Le fait que Microsoft 365 soit hébergé dans le cloud est l'une des caractéristiques les plus distinctives de ce produit. Lorsque vous utilisez le cloud computing, tous vos fichiers et données sont conservés en ligne dans des centres de données hautement protégés. Cela vous permet de visualiser vos fichiers et de travailler dessus à partir de n'importe quel appareil disposant d'une connexion Internet, où que vous soyez. Vous pouvez commencer à travailler sur un document en travaillant dessus sur votre ordinateur depuis chez vous, puis continuer à travailler dessus sur un ordinateur séparé au travail après avoir apporté quelques modifications sur votre téléphone pendant que vous êtes en déplacement.

Ce type d'accessibilité est particulièrement utile pour le travail de groupe en raison de sa commodité. Il est possible que plusieurs utilisateurs travaillent simultanément sur le même document, chaque utilisateur visualisant en temps réel les modifications apportées par les autres. La méthode classique de travail sur les documents, dans laquelle les fichiers devaient être échangés pendant que les modifications étaient enregistrées et fusionnées, a été remplacée par cette nouvelle méthode, qui représente un changement considérable.

Sécuriser votre travail avec Microsoft 365

L'importance de la sécurité ne peut être surestimée en ce qui concerne Microsoft 365. Microsoft a mis en place un ensemble complet de mesures de sécurité pour protéger les informations des utilisateurs. Il s'agit notamment de chiffrer les données à la fois au repos et en transit, d'avoir une meilleure prévention des menaces pour parer aux attaques de logiciels malveillants et de phishing, et d'avoir des outils de conformité pour aider les entreprises à respecter les obligations réglementaires.

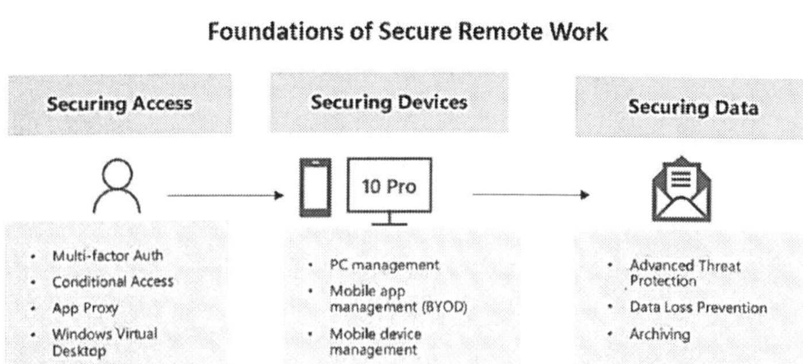

Image 1.2: Fondements du travail à distance sécurisé

De plus, Microsoft fournit à ses clients des outils susceptibles de les aider à gérer leur propre sécurité. Les utilisateurs ont la possibilité de récupérer des données perdues ou endommagées à l'aide des fonctionnalités de récupération de fichiers incluses dans OneDrive.

Les utilisateurs ont la possibilité de gérer l'accès aux documents qui ont été partagés, de limiter les personnes autorisées à voir ou à modifier les fichiers et de surveiller les modifications apportées aux documents."

Explorer les fonctionnalités et les avantages d'Excel 2023

Explorer l'interface d'Excel 2023

"Excel 2023 sera livré avec une interface utilisateur (UI) qui a un style et une sensation radicalement mis à jour. Cela facilitera la compréhension de la navigation et réduira le temps nécessaire. La conception de l'interface utilisateur est une synthèse de l'engagement de Microsoft à améliorer à la fois la fonctionnalité et la qualité de l'expérience utilisateur. La structure du menu du ruban, qui a été initialement introduite dans Excel 2007 et est désormais plus simple et configurable, continuera à être utilisée dans l'interface utilisateur d'Excel 2023. Le ruban peut être réorganisé par les utilisateurs en fonction de leurs préférences, ce qui réduit le temps passé à chercher des commandes. Les utilisateurs peuvent stocker leurs commandes les plus fréquemment utilisées dans la barre d'outils d'accès rapide, située en haut de la page, ce qui permet un accès plus rapide à ces outils.

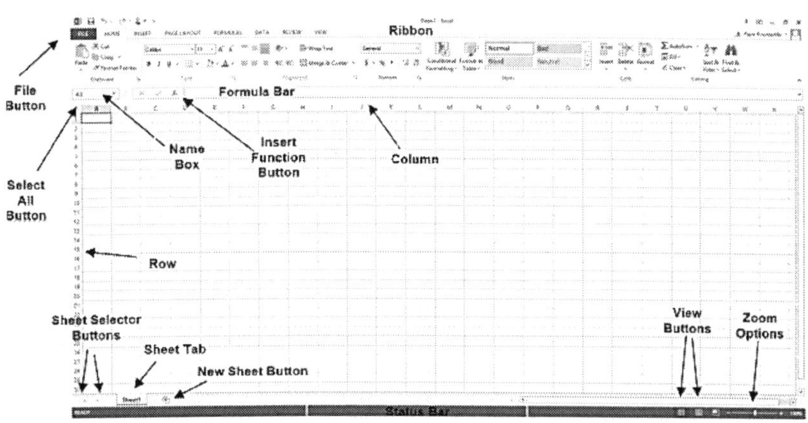

Image 1.3: Interface de base d'Excel

La barre de formule a été améliorée afin que la saisie de données et le développement de formules soient désormais beaucoup plus simples. Excel 2023 prend désormais en charge les formules matricielles dynamiques, qui permettent aux fonctions de renvoyer diverses réponses à une plage de cellules en fonction d'une seule entrée de formule. Ces formules de tableau dynamique sont accessibles via l'onglet Formules d'Excel 2023. La capacité d'analyse des données a été considérablement améliorée à la suite de cette mise à jour. La barre d'état au bas de l'écran donne des informations en temps réel sur la feuille de calcul qui est maintenant active et peut être configurée pour afficher les données que les utilisateurs trouvent les plus pertinentes pour leur travail.

Excel 2023 dispose également d'une nouvelle fonctionnalité appelée Mode sombre, qui remplace le schéma de couleurs claires normalement utilisé par un schéma plus sombre. Les utilisateurs qui travaillent pendant de longues périodes peuvent trouver que cette fonction aide à soulager une partie de la fatigue qu'ils ressentent dans leurs yeux. Excel 2023 est destiné à améliorer l'expérience utilisateur de différentes manières, et ce n'est qu'une illustration de cela."

"Fonctionnalités avancées d'analyse de données d'Excel 2023

Excel a toujours été un excellent outil d'analyse de données, et les nouvelles fonctionnalités et améliorations incluses dans l'édition 2023 d'Excel rendent l'analyse de données encore plus robuste. Les fonctions légendaires VLOOKUP et HLOOKUP ont été remplacées par une nouvelle appelée XLOOKUP, qui est l'une des caractéristiques qui se démarque vraiment. XLOOKUP a été conçu pour répondre aux contraintes de ses prédécesseurs en offrant une méthode plus flexible et plus puissante que les capacités de recherche de ses prédécesseurs. Il est capable d'exécuter une recherche vers la gauche ou vers la droite, il permet des insertions ou des suppressions de colonnes sans rupture, et il offre le choix de faire correspondre exactement ou approximativement.

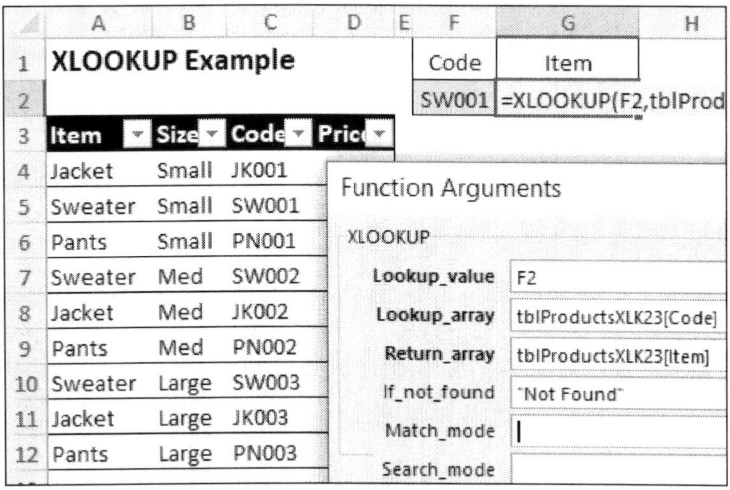

Image 1.4: Caractéristique d'analyse de données avancée d'Excel XLOOKUP

Une autre amélioration importante est l'ajout de la capacité de tableau dynamique. Les utilisateurs peuvent donc traiter plusieurs valeurs simultanément à partir d'une même formule, grâce à cette fonctionnalité. En raison de l'élimination par cette fonctionnalité de la nécessité de copier manuellement des formules sur une plage de cellules, les tâches de traitement et d'analyse des données peuvent être effectuées à un rythme très accéléré.

En plus de cela, Excel 2023 a une intégration fluide avec Power BI, qui est un outil interactif de visualisation et d'analyse de données développé par Microsoft. Les utilisateurs ont la possibilité d'importer des données depuis Power BI, ce qui permet à Excel d'effectuer des analyses plus avancées et de fournir des visualisations améliorées."

"La puissance de l'intégration avec Office 365

Excel 2023 est inclus dans le package Office 365 et, par conséquent, il est capable de s'intégrer aux autres applications Office de manière à la fois fluide et efficace. Excel permet aux utilisateurs d'importer facilement des données à partir d'autres applications telles que Word, PowerPoint et Outlook, et vice versa. Cela facilite la rationalisation des processus et fait gagner un temps important aux utilisateurs. Par exemple, les données reçues via un formulaire peuvent être immédiatement remplies dans une feuille Excel afin de faciliter une enquête future.

Excel 2023 prend en charge OneDrive, une technologie de stockage en nuage développée et proposée par Microsoft. Les utilisateurs peuvent désormais stocker leurs fichiers Excel et les visualiser depuis n'importe quel appareil pourvu qu'il dispose d'une connexion Internet. Les utilisateurs peuvent échanger des fichiers entre eux et de nombreux utilisateurs peuvent travailler simultanément et en temps réel sur le même fichier. Un autre avantage est une amélioration de la collaboration. Toutes les modifications sont automatiquement stockées et synchronisées sur tous les appareils.

Collaboration et partage améliorés

Excel 2023 est livré avec des outils améliorés et plus conviviaux pour collaborer avec d'autres et partager le travail. Excel permet à de nombreux utilisateurs de collaborer sur le même fichier en même temps en leur permettant de partager des fichiers directement depuis le programme en quelques clics. Cette fonctionnalité permet une collaboration en temps réel, ce qui change la donne pour les équipes qui travaillent à distance ou dans différents fuseaux horaires. Un utilisateur peut voir les modifications apportées par les autres en temps réel, et la présence de chaque collaborateur est signalée par un pointeur de couleur différente.

En plus de cela, Excel 2023 prend en charge la co-création, une fonctionnalité qui permet à de nombreux utilisateurs de collaborer simultanément sur le même document."

"Naviguer dans l'interface Excel pour une utilisation efficace

1. Comprendre l'espace de travail Excel

Vous familiariser avec l'espace de travail d'Excel devrait être la première chose à faire si vous souhaitez utiliser le programme efficacement. Lorsque vous démarrez Excel 2023 pour la première fois, vous verrez que l'interface a été créée pour être aussi conviviale que possible, malgré le fait qu'elle possède un grand nombre de fonctions et de capacités. Les principaux composants de l'espace de travail sont le ruban, la barre de formule, la zone de feuille de calcul et la barre d'état. Chacun de ces domaines a sa propre fonction distincte.

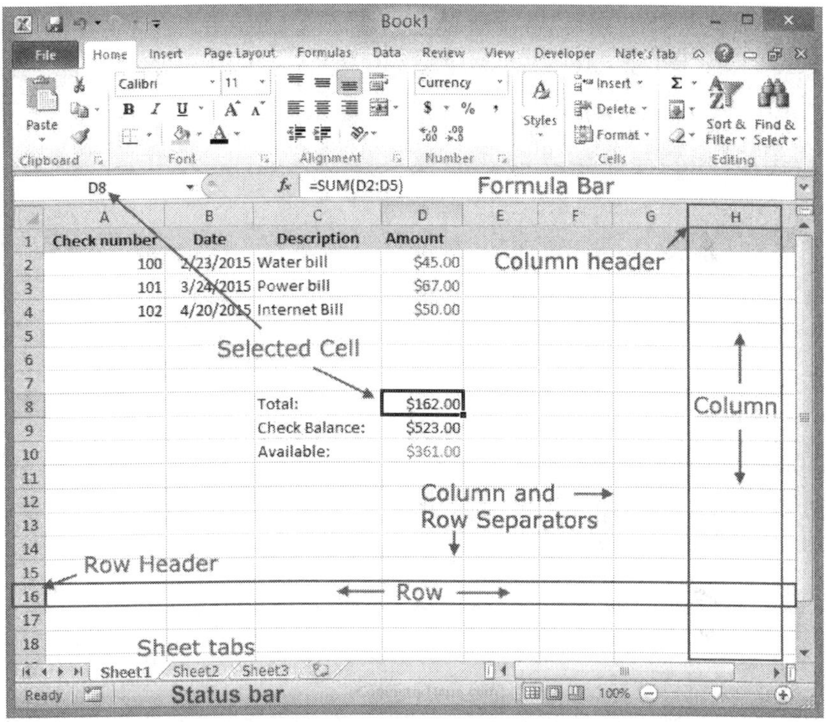

Image 1.5 : Espace de travail de base d'Excel

Le ruban, qui peut être vu tout en haut de l'écran, est l'endroit où se trouvent toutes les commandes d'Excel. Ces commandes sont organisées de manière logique dans des onglets tels que Accueil, Insertion, Mise en page, Formules, etc. Chaque onglet comporte un certain nombre d'instructions qui ont été organisées en groupes. Dans l'onglet Accueil, par exemple, vous verrez des catégories portant des noms tels que Presse-papiers, Polices, Alignement et Numéro. Si vous connaissez la structure du ruban, il vous sera simple de trouver et d'exécuter les instructions dont vous avez besoin pour les tâches sur lesquelles vous travaillez.

La barre de formule se trouve dans la zone immédiate juste en dessous du ruban. Parce qu'il vous permet d'entrer ou de mettre à jour des informations, des formules et des fonctions contenues dans la cellule actuelle, il s'agit d'un composant essentiel de l'espace de travail. En plus de cela, il affiche le contenu de la cellule actuelle, vous donnant une perspective plus distincte des informations que vous avez saisies, ce qui est très utile pour les formules complexes ou les chaînes de texte.

La section suivante s'appelle la zone de feuille de calcul, et c'est la plus grande section de l'interface. C'est là que la plupart de vos travaux seront effectués. Il est structuré sous forme de lignes (qui sont étiquetées avec des chiffres) et de colonnes (qui sont étiquetées avec des lettres). Dans Excel, une cellule fait référence à la zone créée lorsqu'une colonne et une ligne se croisent. Les cellules sont l'unité fondamentale pour stocker des données dans Excel. Vos tâches de saisie et d'analyse de données iront plus rapidement si vous savez vous déplacer entre les cellules, les lignes et les colonnes.

Enfin, la barre d'état peut être vue tout en bas de l'écran. Il affiche les valeurs agrégées de toute cellule choisie et contient des commandes de zoom. De plus, il offre des informations utiles sur le mode dans lequel Excel se trouve actuellement.

2. Utilisation des raccourcis clavier pour la navigation

Les touches de raccourci d'Excel sont l'un des outils les plus puissants que vous puissiez utiliser pour travailler plus efficacement dans le programme. L'utilisation exclusive de la souris peut ralentir votre processus de travail, malgré le fait qu'elle soit utile pour une variété de tâches. Les raccourcis du clavier permettent d'effectuer plus rapidement de nombreuses opérations typiques.

Vous pouvez, par exemple, utiliser les touches fléchées pour vous déplacer entre les cellules du tableau. En appuyant simultanément sur CTRL et une touche fléchée, vous pouvez vous rendre immédiatement à la limite de la région. Pour basculer entre les feuilles de calcul, utilisez CTRL+PgUp ou CTRL+PgDn . Vous pouvez accéder à la cellule A1 en appuyant sur CTRL+Home , et vous pouvez accéder à la dernière cellule contenant des données en appuyant sur CTRL+End .

Si vous connaissez et utilisez les raccourcis clavier d'Excel, vous pouvez considérablement accélérer votre navigation dans le programme, rendant votre flux de travail plus simple et plus efficace. Investissez du temps dans la maîtrise de ces techniques permettant de gagner du temps et vous découvrirez que votre productivité globale a considérablement augmenté en conséquence.

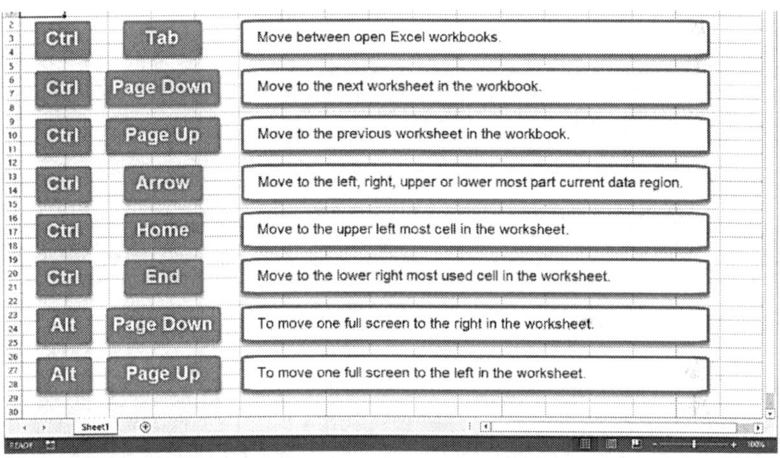

Image 1.6: Téléchargements courants

3. Tirer parti de la barre d'outils d'accès rapide

Une collection d'actions qui ne dépendent pas de l'onglet qui est maintenant sélectionné sur le ruban est accessible à l'aide de la barre d'outils d'accès rapide, qui est une barre d'outils qui peut être personnalisée. Il se trouve dans le coin supérieur gauche de la fenêtre Excel et contient les commandes Enregistrer, Annuler et Rétablir par défaut.

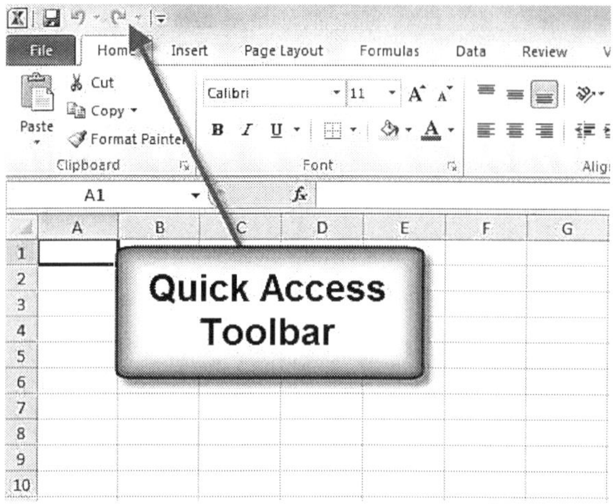

Image 1.7 : Barre d'outils d'accès rapide

La polyvalence de la barre d'outils d'accès rapide est l'une de ses fonctionnalités les plus attrayantes. Vous avez la possibilité d'ajouter n'importe quelle commande que vous utilisez régulièrement à cette barre d'outils, la rendant ainsi immédiatement accessible. Pour inclure une commande dans la barre d'outils d'accès rapide, faites simplement un clic droit sur la commande dans le ruban, puis choisissez "Ajouter à la barre d'outils d'accès rapide".

Vous pouvez gagner un temps considérable en personnalisant la barre d'outils d'accès rapide en fonction de vos préférences et de vos exigences. Vous n'aurez pas à perdre de temps à chercher les commandes que vous utilisez le plus souvent si vous en gardez une liste dans un seul endroit où elles sont toujours disponibles pour que vous les utilisiez.

4. Optimiser l'utilisation de la fonction Zoom d'Excel

La fonction Zoom d'Excel est un outil simple mais puissant qui peut vous aider à travailler plus rapidement et plus efficacement. Vous pouvez faciliter la lecture et l'évaluation de votre travail en modifiant l'affichage sur votre ordinateur afin que vous voyiez plus ou moins d'informations à l'écran.

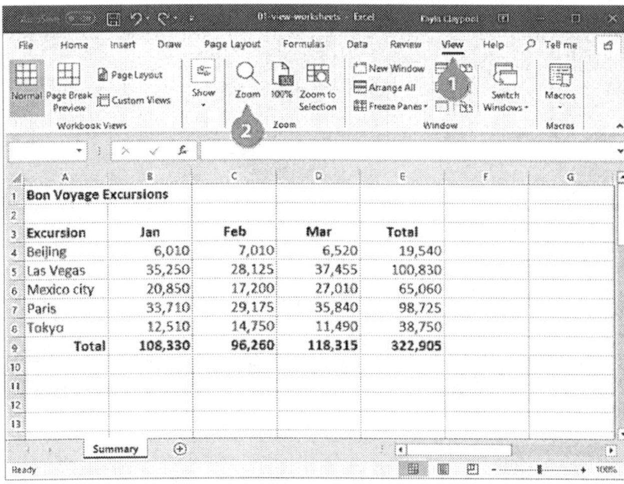

Image 1.8: Utilisation de la fonction de zoom et de vue d'Excel

Une commande de zoom avant et arrière se trouve sur le côté droit de la barre d'état. Pour augmenter ou réduire le pourcentage de zoom, respectivement, vous pouvez le faire en cliquant sur le bouton plus ou moins. De plus, cliquer sur le pourcentage lui-même affiche la boîte de dialogue Zoom, qui vous permet de choisir un niveau de zoom prédéterminé ou de spécifier votre propre niveau de grossissement personnalisé.

Lorsque vous traitez d'énormes ensembles de données, il est utile d'avoir une image plus complète de vos données. Vous pouvez le faire en effectuant un zoom arrière sur votre vue actuelle des données. D'autre part, un zoom avant peut vous aider à concentrer votre attention sur certaines cellules ou plages. Gardez à l'esprit que la fonction Zoom ne modifiera que la façon dont vos données sont affichées ; il ne modifiera pas les données elles-mêmes ou le formatage des données.

5. Maîtriser l'art de la sélection cellulaire

La sélection de cellules est une compétence de base dans Excel. Il est probable que vous commencerez par choisir une ou plusieurs cellules, que vous alliez saisir des données, appliquer une mise en forme ou créer des formules.

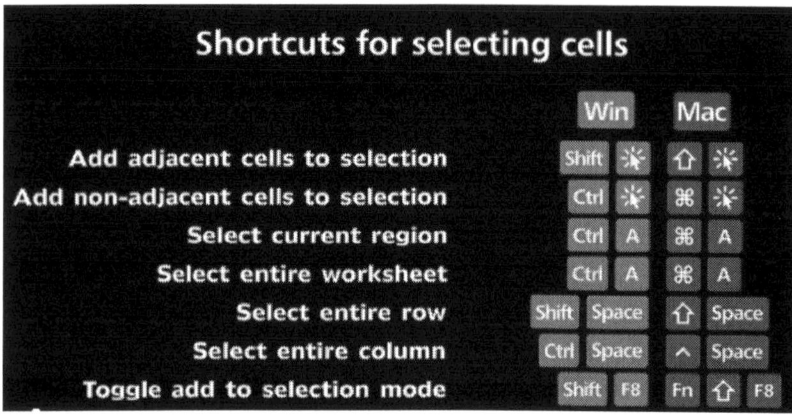

Image 1.9: raccourcis pour la sélection de cellules

Un simple clic sur la cellule que vous souhaitez sélectionner fera l'affaire. Cliquez simplement et faites glisser sur les cellules que vous souhaitez sélectionner pour sélectionner une plage de cellules. Vous pouvez également effectuer des sélections à l'aide du clavier si vous le souhaitez. Lorsque vous appuyez sur la touche fléchée tout en maintenant la touche MAJ enfoncée, la sélection que vous avez sera étendue pour inclure la cellule à droite de l'endroit où vous pointez la touche fléchée. Lorsque vous appuyez sur CTRL + MAJ + touche fléchée, la sélection est étendue pour inclure la dernière cellule de données dans la direction dans laquelle la touche fléchée est enfoncée (Virtual Communication in a Digital World | the Hub Events, nd).

Maintenez la touche CTRL enfoncée et cliquez sur chaque cellule ou plage que vous souhaitez inclure dans la sélection. Cela vous permettra de choisir des cellules non adjacentes. Pour choisir une grande plage, cliquez sur la première cellule de la plage, puis tout en maintenant la touche MAJ enfoncée, cliquez sur la dernière cellule.

Que vous appliquiez une formule à une plage de cellules ou formatiez un groupe de cellules, la possibilité de sélectionner des cellules avec précision peut rendre votre travail dans Excel beaucoup plus efficace. En maîtrisant la sélection de cellules, vous pourrez naviguer dans l'interface Excel avec plus de confort et effectuer vos tâches rapidement et facilement."

Chapitre 2

Principes de base d'Excel : explications détaillées

"Excel est un logiciel robuste qui a évolué pour devenir un instrument incontournable dans l'environnement d'entreprise d'aujourd'hui. Il offre aux utilisateurs un accès à une grande variété de fonctionnalités, allant de la simple administration et du calcul des données à l'analyse et à la visualisation avancées des données. Cependant, avoir une solide connaissance des bases d'Excel est absolument nécessaire si vous voulez tirer le meilleur parti de ce programme polyvalent.

Les bases d'Excel sont les blocs de construction nécessaires pour utiliser le programme efficacement. Ils couvrent une grande variété de capacités et de connaissances, telles que la capacité de référencer des cellules, une compréhension des différentes formes de données, l'utilisation de fonctions et de formules fondamentales, la création de graphiques et de tableaux, etc. Vous pouvez acquérir l'assurance et les capacités nécessaires pour naviguer à travers les fonctionnalités et les fonctions les plus complexes d'Excel si vous apprenez d'abord les composants de base d'Excel et que vous vous concentrez d'abord sur leur maîtrise.

Il est impossible d'exagérer à quel point il est important d'avoir une compréhension de base d'Excel. Pour commencer, il a le potentiel d'augmenter considérablement la productivité globale. Excel a été développé pour automatiser une variété d'opérations, soulageant les utilisateurs de la nécessité d'effectuer des calculs manuels chronophages et des procédures liées à la gestion des données. Vous pouvez automatiser les opérations répétitives et gagner du temps et des efforts si vous savez utiliser des fonctions et des formules simples. Avoir cette connaissance vous permettra de le faire.

De plus, la maîtrise des bases d'Excel sert de base pour faire des choix basés sur des données. Les capacités d'Excel vont bien au-delà de celles d'un simple programme de saisie et de stockage de données. Les utilisateurs ont la possibilité de modifier, d'analyser et de visualiser des données à l'aide de ce puissant outil d'analyse de données. Vous êtes capable de transformer des données brutes en informations significatives qui peuvent être utilisées pour influencer les processus de prise de décision si vous avez une connaissance approfondie des fondements d'Excel.

Excel est également un outil omniprésent. Parce qu'Excel est si largement utilisé dans une grande variété d'entreprises à travers le monde, avoir une base solide dans le programme peut vous ouvrir de nombreuses portes. Les compétences Excel peuvent vous rendre plus commercialisable sur le marché du travail, que vous soyez étudiant, demandeur d'emploi ou professionnel chevronné. Excel est un programme de tableur largement utilisé, et avoir une compréhension rudimentaire de son fonctionnement peut vous fournir un avantage concurrentiel sur le marché du travail et peut-être être un facteur pour décider de votre future trajectoire professionnelle.

De plus, la compréhension des concepts de base d'Excel sert de base à la maîtrise des fonctionnalités plus complexes du programme. Excel regorge d'une grande variété de fonctionnalités et de fonctions sophistiquées, telles que des macros, VLOOKUP, des tableaux croisés dynamiques et des formules compliquées. Cependant, ces stratégies plus complexes reposent sur les fondamentaux qui les ont précédées. Naviguer dans ces fonctionnalités plus sophistiquées peut être intimidant et déroutant si vous n'avez pas une solide compréhension des bases.

Enfin et surtout, la maîtrise des concepts fondamentaux d'Excel est essentielle pour minimiser les erreurs. Les utilisateurs d'Excel commettent souvent de nombreuses erreurs parce qu'ils ne comprennent pas correctement les concepts sous-jacents du programme. Une référence de cellule incorrecte ou un manque de compréhension du fonctionnement d'une certaine fonction, par exemple, peut entraîner des inexactitudes dans les calculs et les analyses effectués sur les données. Vous pouvez garantir l'exactitude de votre travail et éviter de commettre des erreurs coûteuses si vous maîtrisez parfaitement les bases.

En un mot, avoir une solide compréhension de base d'Excel est absolument nécessaire pour faire bon usage du programme. C'est la base sur laquelle on peut développer une expertise dans d'autres domaines d'Excel. Il améliore la productivité, permet de fonder les décisions sur des données, augmente l'employabilité, ouvre la voie à l'apprentissage de compétences supplémentaires et garantit que le travail est précis. Pour cette raison, consacrer une partie de votre temps à apprendre et à maîtriser les bases d'Excel augmentera considérablement à la fois votre capacité d'Excel et votre productivité."

"Explications détaillées et démonstrations de chaque étape des opérations d'Excel 1. Saisie et formatage des données

Le processus de saisie et de formatage des données est l'une des premières étapes de l'utilisation d'Excel. Pour saisir des données, il vous suffit de cliquer sur une cellule pour la sélectionner, puis de commencer à taper dans cette cellule. Après avoir tapé des données dans une cellule, vous pouvez faire avancer la sélection à la cellule suivante en appuyant sur Entrée ou Tab après avoir fini de taper. Excel est capable de gérer de nombreux types de données, notamment du texte, des nombres et des dates.

Excel facilite le formatage des données de différentes manières. Excel vous donne accès à une grande variété de choix de mise en forme, que vous pouvez utiliser pour faciliter la lecture et la compréhension de vos données. Vous pouvez modifier le style et la taille de la police, modifier l'alignement, formater les nombres, ajouter une coloration et des bordures de cellule et appliquer une mise en forme des nombres. Ce ne sont là que quelques-unes des options qui s'offrent à vous. Le ruban, et plus particulièrement l'onglet Accueil du ruban, est l'endroit où vous trouverez tous ces différents choix de mise en forme.

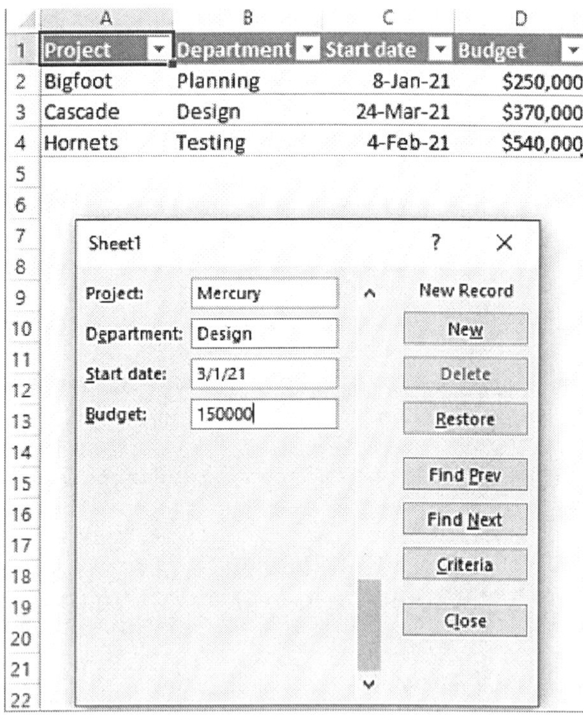

Image 2.1: Entrée de données dans Excel

En raison de l'adaptabilité d'Excel dans la saisie et le formatage des données, vous pouvez afficher vos informations de la manière la plus appropriée et visuellement acceptable pour le public. Excel vous offre les outils dont vous avez besoin pour gérer et préparer efficacement vos données, quel que soit le type de données ou la quantité avec laquelle vous devez travailler.

2. Utilisation des fonctions et formules de base

La véritable puissance d'Excel réside dans ses nombreuses formules et fonctions. Des équations sous forme de formules sont utilisées pour exécuter des calculs sur les données que vous fournissez. Une formule commence toujours par le signe égal (=) et peut inclure des nombres entiers, des opérateurs mathématiques, des références à des cellules et des définitions de fonctions.

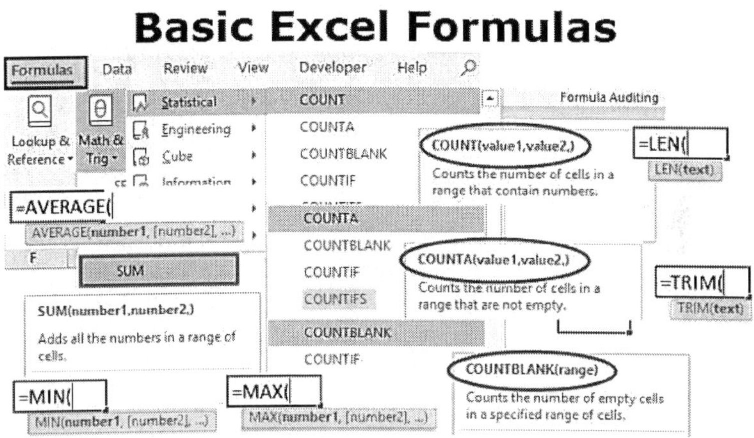

Image 2.2: Formules de base d'Excel

Les fonctions Excel, en revanche, sont des formules qui ont déjà été spécifiées dans le programme. Ils sont destinés à rendre les calculs compliqués plus faciles à comprendre. Par exemple, la fonction SOMME résumera tous les nombres inclus dans une certaine plage de cellules, mais la fonction MOYENNE calculera la moyenne des valeurs contenues dans cette plage.

Pour utiliser une fonction, commencez par taper un signe égal (=), puis entrez le nom de la fonction, suivi de ses paramètres entre parenthèses. Par exemple, la formule =SUM(A1:3) peut être utilisée pour calculer le total des nombres dans les cellules A1 à A3.

3. Créer et gérer des tableaux

Les tableaux d'Excel sont une fonctionnalité puissante qui vous permet de gérer et d'analyser plus efficacement les données liées Les tableaux d'Excel sont une fonctionnalité puissante qui vous permet de gérer et d'analyser les données liées plus efficacement. Sélectionnez la plage de cellules que vous souhaitez inclure dans le tableau, puis accédez à l'onglet Insertion du ruban et cliquez sur la commande Tableau. Cela vous permettra de construire un tableau dans votre feuille de calcul.

Vous pouvez utiliser les outils de tableau d'Excel pour trier et filtrer vos données, appliquer une mise en forme conditionnelle ou ajouter une ligne de total après avoir créé votre tableau.

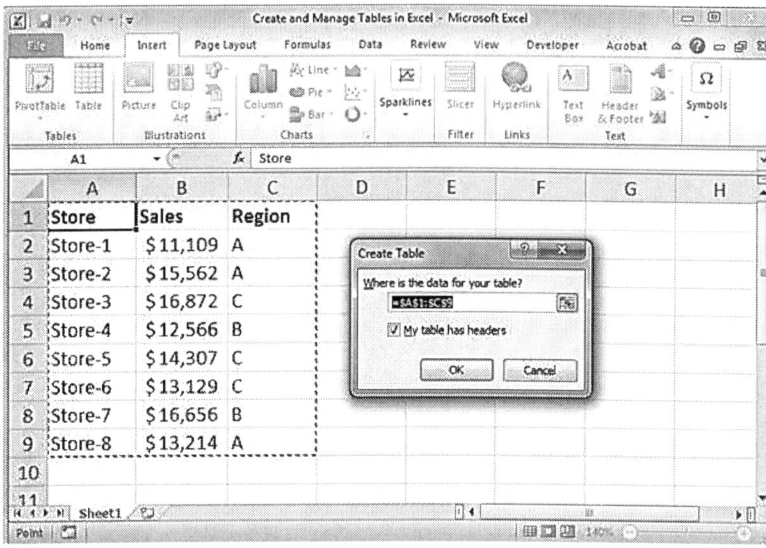

Image 2.3: Création et gestion des tables dans Excel

Ces outils sont disponibles une fois que vous avez généré votre tableau. Les tableaux Excel incluent également une fonctionnalité qui peut remplir automatiquement les formules dans une colonne, ce qui maintiendra la précision de vos calculs.

4. Création de graphiques pour la visualisation de données

Excel vous donne accès à une gamme complète d'outils graphiques, qui peuvent vous aider à visualiser les données que vous avez collectées. Tout d'abord, choisissez les données que vous souhaitez représenter dans le graphique. Ensuite, accédez à l'onglet Insertion du ruban et sélectionnez un type de graphique dans le groupe Graphique. Enfin, cliquez sur le bouton OK pour terminer la création du graphique.

Il existe une sélection de graphiques parmi lesquels choisir, dont certains incluent des graphiques à colonnes, à courbes, à secteurs et à barres, entre autres.

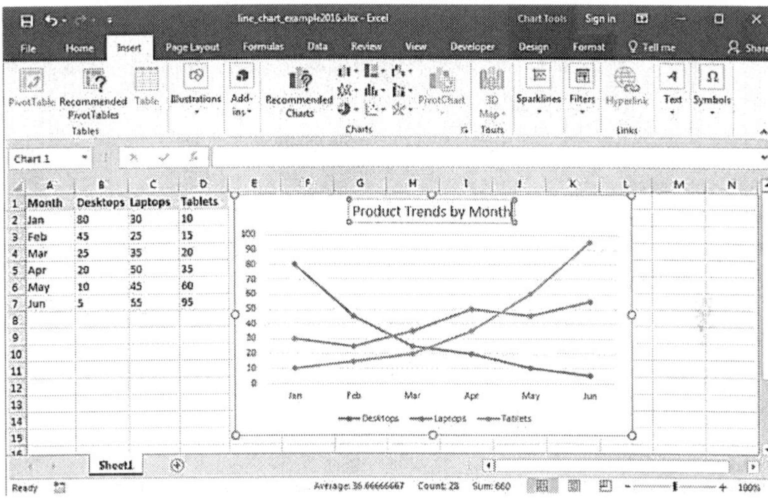

Image 2.4: Graphiques de construction dans Excel

Chaque type de graphique convient le mieux à l'affichage d'une certaine forme de représentation graphique des données. Suite à la création d'un graphique, vous aurez accès aux outils de graphique situés sur le ruban, qui vous permettent de modifier le style et la mise en page du graphique.

5. Utilisation de tableaux croisés dynamiques pour l'analyse des données

Les tableaux croisés dynamiques d'Excel sont l'un des outils d'analyse de données les plus puissants du programme. Ils vous permettent de résumer facilement d'énormes volumes de données en peu de temps, d'obtenir des informations significatives et de faire des choix en fonction des données.

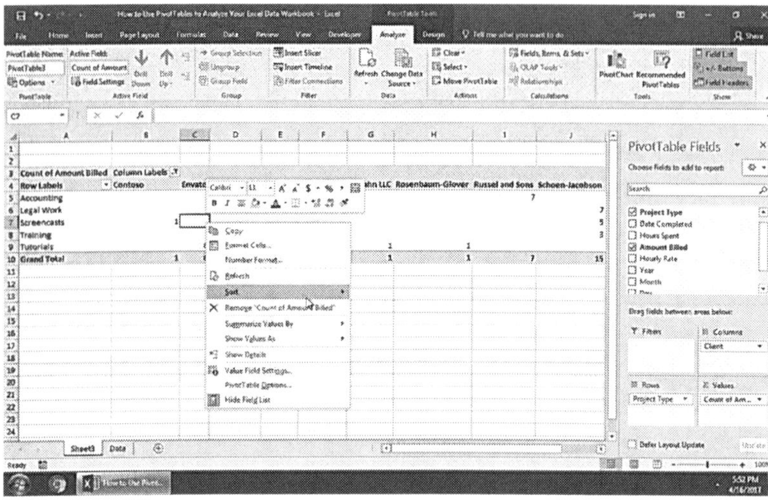

Image 2.5: Tableaux pivots expliqués

Avant de pouvoir créer un tableau croisé dynamique, vous devez vous assurer que vos données sont présentées sous la forme d'une liste avec des en-têtes de colonne distincts. Après cela, choisissez la commande Tableau croisé dynamique en accédant à l'onglet Insertion du ruban et en cliquant dessus. Excel choisira automatiquement votre plage de données et recommandera un emplacement pour le tableau croisé dynamique une fois que vous aurez cliqué sur le bouton "Tableau croisé dynamique".

Après avoir créé votre tableau croisé dynamique, vous pouvez utiliser la liste des champs de tableau croisé dynamique pour définir les données que vous souhaitez examiner dans votre tableau. Un simple glisser-déposer des champs vous permet de réorganiser les données, d'appliquer des filtres et de calculer des résumés, tout cela pouvant être fait en même temps.

Exemples pratiques et exercices pour renforcer l'apprentissage

1. Exercice : Saisie et mise en forme des données

Envisagez la possibilité que vous soyez chargé d'organiser un club de lecture et que vous ayez besoin de tenir un registre des membres ainsi que des titres des livres qu'ils lisent actuellement. Pour commencer, vous devez commencer par ouvrir une nouvelle feuille de calcul dans Excel et donner à la première ligne les en-têtes "Nom", "Âge", "Titre du livre" et "Auteur". Ensuite, vous cliquerez sur "OK" pour enregistrer vos modifications. Après cela, vous procéderez à la saisie des informations pour chaque participant dans les rangées qui suivent.

Vous pouvez formater les en-têtes de manière à améliorer la lisibilité du document en modifiant la taille et la couleur de la police, en appliquant un style gras et en ajoutant une couleur d'arrière-plan. De plus, les largeurs de colonne peuvent être modifiées pour mieux s'adapter aux données, et une bordure peut être ajoutée aux cellules afin de rendre les données plus facilement distinguables esthétiquement.

Cet exercice donne une illustration simple mais applicable de la façon dont les capacités de saisie et de formatage des données disponibles dans Excel peuvent être utilisées pour organiser et afficher les données d'une manière à la fois claire et bien organisée.

2. Exercice : Utiliser des fonctions et des formules de base

Imaginons que vous êtes le propriétaire d'un magasin local et que vous souhaitez garder un œil sur vos revenus. Vous avez des informations sur le nombre d'unités vendues ainsi que le coût du produit par unité. Vous pouvez déterminer les ventes totales globales ainsi que les ventes totales de chaque produit en utilisant les fonctions et formules fondamentales disponibles dans Excel.

Vous multiplieriez le nombre d'unités vendues par le prix unitaire afin d'arriver au total des ventes pour chaque produit individuel. Vous pouvez le faire en saisissant une formule dans la colonne intitulée "Ventes totales". Par exemple, si le nombre d'"Unités vendues" est enregistré dans la colonne B et le "Prix par unité" est enregistré dans la colonne C, le calcul pour déterminer les ventes globales du premier produit serait =B2 * C2.

Vous pouvez utiliser la fonction SOMME pour obtenir le montant total des ventes pour toute la période. Par exemple, si les valeurs de 'Total Sales' se trouvent dans la colonne D, la formule pour les ventes totales globales serait =SUM(D2:D10). Cela fournirait les ventes totales globales.

Cet exercice vous montrera comment effectuer des calculs sur vos données à l'aide des fonctions et formules fondamentales d'Excel, ce qui fournira des informations importantes pour votre entreprise.

3. Exercice : Créer et gérer des tables

Imaginez un instant que vous êtes enseignant et que vous souhaitez utiliser Excel pour gérer les notes de vos élèves. Vous avez des informations sur les notes que chaque élève a reçues pour les différentes tâches. Vous pourriez organiser ces données plus efficacement si vous utilisiez l'outil de tableau fourni par Excel.

Sélectionnez la plage de cellules contenant les données que vous souhaitez inclure dans le tableau, puis insérez le tableau dans la sélection. Vous pouvez utiliser les outils de tableau pour trier les données, ajouter des filtres ou calculer des moyennes après la génération du tableau.

Cet exercice montre comment la fonction de tableau d'Excel peut être utilisée pour organiser et analyser plus efficacement les données, offrant ainsi des informations importantes telles que la réussite d'un étudiant tout au long de sa carrière universitaire.

4. Exercice : Créer des graphiques pour la visualisation des données

Imaginez que vous êtes un professionnel du marketing chargé d'analyser les données de vente de votre organisation. Vous avez des informations sur les ventes mensuelles qui ont eu lieu tout au long de l'année précédente. Vous pouvez visualiser ces données en utilisant les outils graphiques disponibles dans Excel.

Pour créer un graphique, sélectionnez d'abord la plage de cellules contenant les données que vous souhaitez afficher, puis insérez un graphique linéaire dans les cellules sélectionnées. Une fois le graphique créé, vous pouvez utiliser les outils de graphique pour le modifier de plusieurs manières, par exemple en lui donnant un titre, en étiquetant les axes ou en modifiant la couleur de la ligne.

Cette leçon illustre comment les fonctionnalités de création de graphiques d'Excel peuvent être utilisées pour afficher des données, ce qui simplifie considérablement la reconnaissance des tendances et des modèles dans les données.

5. Exercice : Utilisation des tableaux croisés dynamiques pour l'analyse des données

Imaginez que vous êtes en charge de la gestion d'un projet et que vous souhaitez effectuer une analyse des données associées au projet. Vous avez des informations sur les tâches, leur statut, la personne responsable et les dates auxquelles elles doivent être terminées. Pour faire une analyse de ces informations, vous pouvez profiter de la fonction de tableau croisé dynamique d'Excel.

Après avoir sélectionné la plage de cellules contenant les données que vous souhaitez inclure dans le tableau croisé dynamique, l'étape suivante consiste à insérer le tableau croisé dynamique. Pour effectuer une analyse des données après la création du tableau croisé dynamique, vous pouvez utiliser la liste des champs du tableau croisé dynamique. Vous pouvez, par exemple, présenter les informations de différentes manières. Vous pouvez, par exemple, présenter un décompte des tâches selon leur état ou un total des corvées selon la personne qui en est responsable.

Le décompte de base et la somme de base sont deux activités utiles qui vous aideront à développer une compréhension plus approfondie des tableaux croisés dynamiques. Pour la tâche "comptage de base", vous compterez les valeurs dans une collecte de données en utilisant l'utilisation d'un tableau croisé dynamique. Vous pouvez, par exemple, décider de compter les noms liés à chaque état de tâche. Au cours de la pratique sur la somme de base, vous additionnerez des nombres dans une variété de méthodes différentes en utilisant un tableau croisé dynamique. Par exemple, vous pouvez répartir les responsabilités selon la personne responsable12.

Les tableaux croisés dynamiques peuvent être un outil utile pour l'analyse de données dans Excel, comme le montrent ces exercices. Ils vous permettent de résumer, d'analyser, d'explorer et d'afficher vos données de manière à la fois organisée et pertinente.

Gardez à l'esprit que l'apprentissage d'Excel ne nécessite pas que vous mémorisiez toutes les fonctions et formules ; au contraire, cela vous oblige à comprendre comment les appliquer efficacement pour résoudre les problèmes qui se produisent dans le monde réel. Lorsqu'il s'agit de gérer vos besoins d'analyse de données à l'aide d'Excel, plus vous avez d'expérience, plus vous deviendrez compétent dans l'utilisation du programme.

6. Exercice : Validation des données et mise en forme conditionnelle

Excel est un outil populaire utilisé dans le secteur des entreprises pour la création de formulaires utilisés pour la collecte de données, telles que les sondages auprès des employés et les commentaires des clients. Vérifier que les données qui ont été soumises dans le formulaire ont été saisies correctement et étaient cohérentes avec elles-mêmes est une partie importante de cette procédure. C'est à ce moment que le processus de validation des données entre en jeu.

La fonction "Validation des données" d'Excel permet aux utilisateurs d'exercer un contrôle sur les types de données qui peuvent être insérées dans des cellules individuelles à l'intérieur du tableur. Vous pouvez, par exemple, limiter les entrées à celles qui se situent dans une plage numérique spécifiée, une plage de dates ou une liste d'entrées de valeurs spécifiques. Pour mettre la validation des données en action, choisissez d'abord les cellules auxquelles vous souhaitez appliquer la règle, puis accédez à l'onglet Données et cliquez sur le bouton Validation des données. Vous pourrez définir le type de données que vous souhaitez accepter ainsi que les limites de ces données dans la boîte de dialogue qui apparaîtra maintenant.

Vous pouvez également envisager d'utiliser la mise en forme conditionnelle en plus de la validation des données afin d'attirer l'attention sur certains éléments. La mise en forme conditionnelle est une fonctionnalité qui vous permet d'appliquer automatiquement une mise en forme, telle que différentes couleurs ou polices, aux cellules de votre feuille de calcul si elles satisfont à un ensemble de critères prédéfinis. Vous pourriez, par exemple, souhaiter attirer l'attention sur les évaluations des commentaires des clients qui sont inférieures à un certain niveau. Pour utiliser la mise en forme conditionnelle, vous devez d'abord sélectionner les cellules que vous souhaitez mettre en forme, puis accéder à l'onglet Accueil, puis cliquer sur le bouton Mise en forme conditionnelle. Après cela, vous serez en mesure de décrire les circonstances ainsi que le formatage à utiliser lorsque ces conditions sont remplies.

Cet exercice est une merveilleuse approche pour en savoir plus sur les outils de validation des données et de mise en forme conditionnelle disponibles dans Excel. Ces fonctionnalités ont le potentiel d'améliorer considérablement la qualité de vos données et de les rendre plus simples à analyser.

7. Exercice : Excel comme outil de résolution de problèmes

Les principales fonctions d'Excel sont la saisie et l'analyse de données, mais il possède également des capacités étendues dans le domaine de la résolution de problèmes. Les fonctionnalités d'analyse What-If d'Excel sont l'une des nombreuses façons dont ce tableur peut être utilisé pour trouver des solutions aux problèmes.

L'analyse What-If est une technique qui vous permet de modifier les valeurs incluses dans les cellules afin que vous puissiez voir comment ces modifications affecteront les résultats des formules affichées sur la feuille de calcul . Par exemple, si vous gérez une entreprise, vous pouvez utiliser What-If Analysis pour déterminer comment diverses méthodes de tarification pourraient avoir un effet sur vos marges bénéficiaires.

Les scénarios, la recherche d'objectifs et les tableaux de données sont les trois différents types d'outils d'analyse de simulation disponibles dans Excel. Vous êtes en mesure d'évaluer de nombreux résultats potentiels d'une projection à l'aide de scénarios. Vous avez la possibilité d'utiliser Goal Seek pour déterminer la valeur d'entrée requise qui produirait le résultat souhaité. L'influence d'un ou de deux facteurs sur un résultat peut être examinée à l'aide de tableaux de données.

Vous devrez accéder à l'onglet Données, puis sélectionner Analyse de simulation pour utiliser ces outils. Vous pouvez ensuite choisir l'outil que vous souhaitez utiliser et saisir les valeurs ou critères pertinents après avoir effectué votre sélection.

Cet exercice vous montrera comment Excel peut être utilisé comme outil de résolution de problèmes, vous aidant à faire des choix plus éclairés car basés sur des faits.

8. Exercice : Automatisation des tâches avec des macros

Au fur et à mesure que vous acquérez de l'expérience avec Excel, vous pourriez découvrir que vous vous retrouvez à faire les mêmes activités encore et encore. Lorsque cela se produit, vous pouvez réduire le temps et les efforts consacrés à ces tâches en utilisant des macros pour les automatiser.

Dans Microsoft Excel, une macro est une série d'étapes préprogrammées qui peuvent être enregistrées puis exécutées à l'aide d'une seule commande. Si vous avez souvent besoin de formater de nouvelles données d'une certaine manière, par exemple, vous pouvez créer une macro qui formate les données comme vous le souhaitez , puis vous pouvez exécuter cette macro chaque fois que vous avez besoin de formater de nouvelles données dans de la même façon.

Vous pouvez enregistrer une macro en accédant à l'onglet Affichage, en sélectionnant Macros, puis en sélectionnant Enregistrer une macro dans le menu déroulant qui s'affiche. Ensuite, vous effectuez les activités que vous souhaitez enregistrer. Une fois que vous avez terminé, vous choisirez l'option Arrêter l'enregistrement. Pour exécuter la macro, vous devez d'abord revenir au menu Macros, choisir Afficher les macros dans le menu déroulant, puis sélectionner la macro que vous souhaitez exécuter et cliquer sur le bouton Exécuter (Microsoft 365 Training, nd).

Cet exercice est une merveilleuse approche pour découvrir les possibilités d'automatisation d'Excel, qui peuvent considérablement améliorer votre efficacité et votre production si vous suivez les instructions."

chapitre 3

Exploiter la puissance des fonctionnalités d'Excel 2023

"Il est de la plus haute importance de tirer pleinement parti de la puissance offerte par les fonctionnalités d'Excel 2023. Cela est vrai non seulement dans le but d'améliorer ses propres capacités, mais également dans le but d'améliorer les procédures et les opérations d'une entreprise. Excel est l'un des logiciels de tableur les plus populaires disponibles aujourd'hui. Il est bien connu pour ses nombreuses capacités et ses fonctionnalités étendues. Excel est continuellement mis à jour par Microsoft, et ces mises à niveau incluent l'introduction de nouvelles fonctionnalités qui augmentent l'utilité et l'efficacité du programme. En conséquence, Excel est un outil en constante évolution qui est constamment amélioré et avancé.

Excel 2023 est livré avec un certain nombre de nouvelles fonctionnalités, dont la possibilité de créer et de partager un lien vers une table particulière. Cette fonction est essentielle car elle attire l'attention sur certaines données, ce qui permet aux membres de l'équipe d'accéder directement à ces données plus facilement. Permettre aux membres d'une équipe d'accéder et d'échanger sans effort des données peut augmenter considérablement la capacité des équipes à collaborer les unes avec les autres.

Excel 2023 est livré avec un certain nombre de nouvelles fonctionnalités clés, dont l'une est la prise en charge améliorée du format de date pour les tableaux croisés dynamiques Power BI. Dans le passé, les dates étaient gérées de la même manière que les chaînes, mais de nos jours, elles sont considérées comme des types de données de date et d'heure. Cela permet non seulement de filtrer et de trier les données de manière intelligente dans le temps, mais cela rend également le traitement des données plus précis. Cette innovation marque une avancée pour faire d'Excel un outil de traitement de données plus puissant, mais il est essentiel de se rappeler que les types de données de date et d'heure ne sont toujours pas pris en charge dans les formules des tableaux croisés dynamiques Power BI. Malgré cette limitation, cette fonctionnalité est un pas en avant dans l'amélioration d'Excel.

La force d'Excel est encore accrue par sa prise en charge des mesures implicites dans les tableaux croisés dynamiques, qui sont pilotées par la force BI. C'est une autre fonctionnalité qui amplifie la puissance d'Excel. Les utilisateurs n'ont plus à prédéfinir ces mesures, ce qui peut entraîner des gains de temps et une augmentation de l'utilisation efficace de l'analyse des données. Cette fonctionnalité a le potentiel d'améliorer considérablement la façon dont les entreprises évaluent leurs données, en leur donnant la possibilité d'obtenir des informations plus précises en un temps plus court.

Excel 2023 a connu une grande amélioration avec l'incorporation de la fonction de lecteur immersif. La compréhension en lecture est améliorée grâce à l'utilisation de cette technologie, ce qui permet également aux utilisateurs de saisir plus facilement les informations fournies dans les cellules. Vous pouvez utiliser le lecteur immersif en choisissant une cellule, en cliquant dessus avec le bouton droit de la souris, puis en sélectionnant l'option "Lecteur immersif" dans le menu contextuel qui apparaît.

Enfin, les utilisateurs d'Excel pour Windows peuvent également profiter des améliorations apportées au tableau croisé dynamique Power BI dans le canal actuel. En plus de cela, le Narrateur offre une expérience de lecture à la fois plus courte et plus productive. De plus, l'expérience de narration peut être personnalisée via l'utilisation de raccourcis clavier, ce qui est une fonctionnalité très utile pour les utilisateurs malvoyants.

En un mot, tous ceux qui souhaitent conserver un avantage concurrentiel dans le monde actuel axé sur les données doivent apprendre à utiliser efficacement les fonctionnalités incluses dans Excel 2023. Ces ajouts non seulement renforcent les capacités d'Excel, mais améliorent également l'expérience utilisateur, ce qui en turn rend l'analyse des données plus accessible et plus efficace. Peu importe que vous soyez une personne essayant d'améliorer vos talents ou une organisation essayant d'optimiser vos opérations ; la maîtrise de ces aspects est indispensable dans les deux cas."

"Illustrations et utilisation de toutes les dernières fonctionnalités d'Excel 2023

1. Formules interactives avec LET

La fonction LET, qui a été introduite pour la première fois dans Excel 2023, change la donne car elle vous permet de concevoir des formules plus efficaces et plus ordonnées. Il vous donne la possibilité de donner des noms aux résultats de calcul qui sont inclus dans votre formule. Cela rend non seulement vos formules plus simples à comprendre, mais cela a également le potentiel d'augmenter considérablement le temps que vous économisez en calculant lorsque vous travaillez avec des formules compliquées qui nécessitent que vous répétiez la même expression à plusieurs endroits différents.

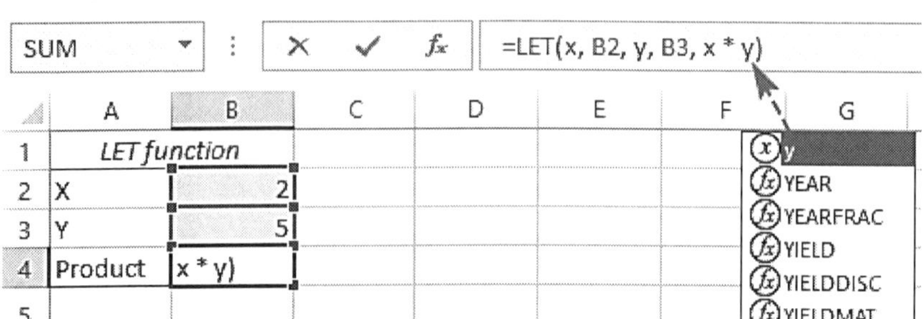

Image 3.1: Utilisation de la fonction LET pour le calcul

Par exemple, si vous effectuez plusieurs fois un calcul difficile sur la valeur d'une cellule dans une seule formule, vous pouvez utiliser la fonction LET pour donner un nom à la référence de cellule ou au résultat du calcul. Cela vous aidera à garder une trace de toute itération du calcul sur laquelle vous travaillez actuellement. Après cela, vous pourrez utiliser ce nom n'importe où dans votre formule, éliminant ainsi le besoin de se référer à plusieurs reprises à une cellule ou d'effectuer un calcul. Lorsqu'il s'agit d'énormes ensembles de données ou de calculs compliqués, cela peut réduire considérablement la quantité de travail à effectuer sur l'ordinateur.

Il n'est pas difficile de comprendre comment utiliser la fonction LET. La formule ressemble à ceci : =LET(nom1, nom_valeur1, [nom2], [nom2_valeur], calcul). Tout d'abord, un nom et sa valeur associée sont définis, puis le nom défini est utilisé dans le calcul. Vous pouvez spécifier plusieurs noms en incluant des paires nom-valeur supplémentaires dans la définition. Utilisez toujours le calcul dans lequel vous allez utiliser les noms comme dernière entrée.

2. Les tableaux dynamiques et la fonction UNIQUE

L'ajout de tableaux dynamiques et de nouvelles fonctions qui les utilisent, telles que la fonction UNIQUE, est une autre grande amélioration qui sera disponible dans Excel 2023. Une fonction est capable de renvoyer (parfois appelée "déversement") de nombreux résultats à une plage de cellules lors de l'utilisation de tableaux dynamiques. Par exemple, la fonction UNIQUE peut renvoyer toutes les valeurs d'une plage ou d'un tableau qui sont uniques à cette plage ou à ce tableau.

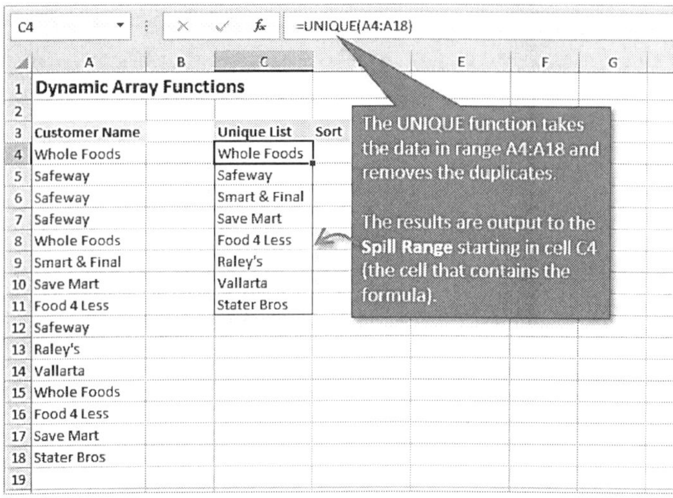

Image 3.2: Tableaux dynamiques et fonction UNIQUE

Imaginez que vous ayez une liste de clients organisée en colonne et que vous deviez compiler une liste de noms distinctifs pour ces clients. Pour ce faire, vous pouvez utiliser la fonction UNIQUE. La fonction copiera les résultats dans autant de cellules que nécessaire pour les stocker. La fonction se mettra automatiquement à jour pour incorporer tous les nouveaux noms distinctifs de clients ajoutés à la liste si cela se produit.

3. Puissance des tableaux croisés dynamiques: nombre et somme de base

Les tableaux croisés dynamiques d'Excel sont un outil sophistiqué qui peut être utilisé pour analyser et résumer d'énormes ensembles de données. Les tableaux croisés dynamiques peuvent être trouvés dans Excel. Les tableaux croisés dynamiques dans Excel 2023 facilitent grandement la création des décomptes et des totaux les plus fondamentaux.

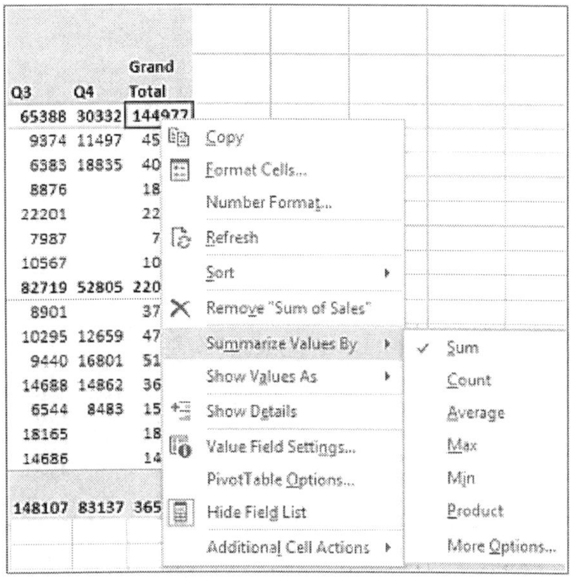

Image 3.3: COUNT et SUM dans les tables pivotantes expliquées

Vous pouvez générer un décompte simple en ajoutant un champ à la section Valeurs, puis en modifiant les paramètres du champ de valeur pour afficher le décompte, si nécessaire. Le nombre total d'enregistrements dans ce champ sera automatiquement compté par le tableau croisé dynamique. Si vous ajoutez un champ de catégorie à la zone Lignes, le tableau croisé dynamique effectuera un décompte d'enregistrements individuels pour chaque catégorie.

La création d'une somme simple est également simple. Si vous ajoutez un champ numérique à la zone Valeurs, Excel calculera et affichera automatiquement le total de toutes les valeurs incluses dans ce champ. Encore une fois, vous avez la possibilité d'ajouter un champ de catégorie à la zone Lignes afin d'obtenir des totaux distincts pour chaque catégorie.

4. Fonctionnalités améliorées dans les tableaux croisés dynamiques Power BI

Excel 2023 comprenait un certain nombre d'améliorations apportées aux tableaux croisés dynamiques Power BI, ce qui a permis d'étendre les fonctionnalités de ces tableaux. L'option de produire et de partager un lien vers une table particulière, qui à la fois attirera davantage l'attention sur la table en question et simplifiera la navigation, est l'une des améliorations. Cette fonctionnalité peut être très utile dans les grandes feuilles de calcul lorsque vous devez diriger les gens vers certains points de données.

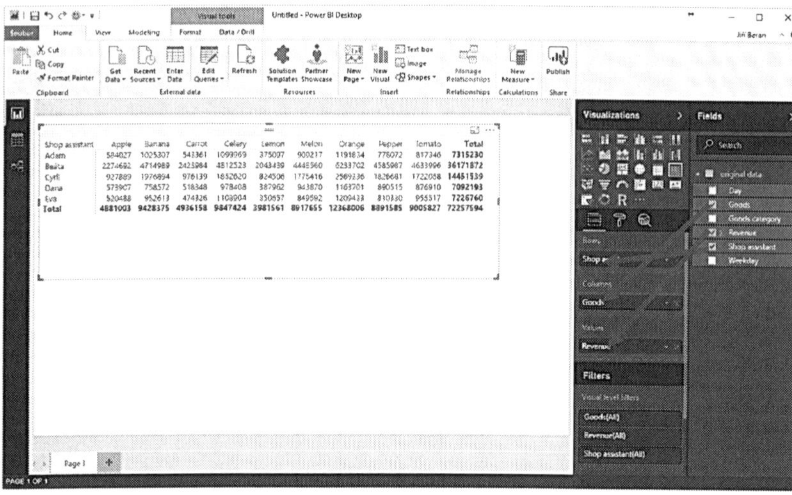

Image 3.4: Power BI Pivot Table Interface

Une autre amélioration significative est que les tableaux croisés dynamiques Power BI fournissent désormais la prise en charge correcte des types de données de date et d'heure ; Auparavant, ces formes d'informations étaient traitées comme des chaînes. Cela permet un filtrage et un tri intelligents dans le temps, ce qui offre aux utilisateurs un meilleur contrôle sur leurs données et les informations qu'ils peuvent en tirer.

5. Fonction RECHERCHEX

Excel 2023 comporte un certain nombre de nouvelles fonctionnalités importantes, dont l'une des plus remarquables est l'outil XLOOKUP. Il s'agit d'une fonction très flexible et puissante qui peut rechercher des valeurs dans une table ou une plage et renvoyer ces valeurs. Il fait de grands progrès dans l'amélioration des fonctions antérieures telles que VLOOKUP et HLOOKUP en supprimant les limites de ces fonctions et en en ajoutant de nouvelles.

Par exemple, si vous utilisez XLOOKUP, vous n'avez pas besoin de trier la colonne dans laquelle vous recherchez et vous avez la possibilité de rechercher vers la gauche ou vers la droite. Vous avez également la possibilité de définir ce qui doit être renvoyé dans le cas où la valeur de recherche ne peut pas être localisée, plutôt que de simplement recevoir un message d'erreur comme d'habitude. La syntaxe de XLOOKUP est la suivante : XLOOKUP(lookup_value , lookup_array , return_array , [if_not_found], [match_mode] et [search_mode]).

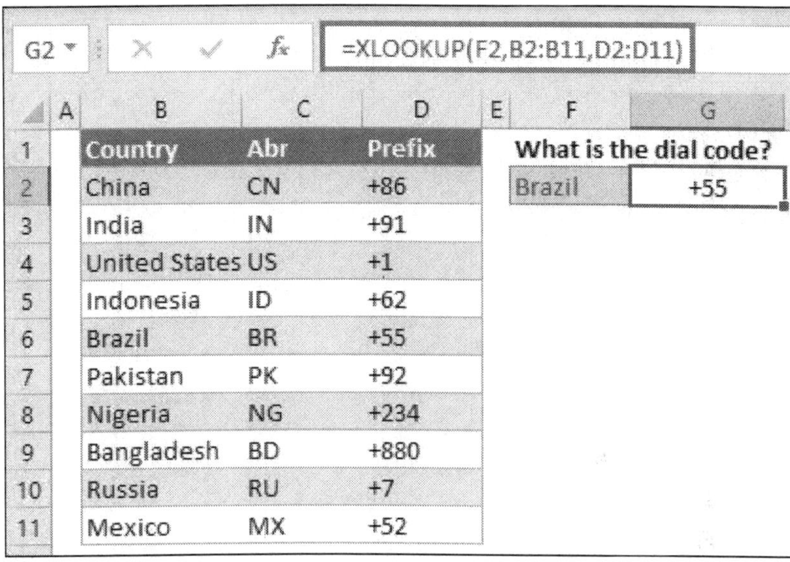

G2 =XLOOKUP(F2,B2:B11,D2:D11)

	A	B	C	D	E	F	G
1		Country	Abr	Prefix		What is the dial code?	
2		China	CN	+86		Brazil	+55
3		India	IN	+91			
4		United States	US	+1			
5		Indonesia	ID	+62			
6		Brazil	BR	+55			
7		Pakistan	PK	+92			
8		Nigeria	NG	+234			
9		Bangladesh	BD	+880			
10		Russia	RU	+7			
11		Mexico	MX	+52			

Image 3.5 : Utilisation de la fonction XLOOKUP pour les calculs

Les trois premiers paramètres sont obligatoires : lookup_value , qui est la valeur que vous recherchez ; lookup_array , qui est le tableau ou la plage dans laquelle vous recherchez ; et return_array , qui est le tableau ou la plage à partir de laquelle la valeur pertinente doit être renvoyée. Les autres entrées sont entièrement discrétionnaires et vous offrent la possibilité d'adapter le fonctionnement de la fonction.

6. Requête en langage naturel

La requête en langage naturel est une autre innovation révolutionnaire qui sera disponible dans Excel 2023. Avec cette fonction, vous pouvez saisir une requête sur vos données et Excel fournira la réponse. Vous pouvez écrire : " Quelles ont été les ventes totales en janvier ?" et Excel vous fournira la réponse. Ceci n'est qu'un exemple.

Cette fonctionnalité rend Excel plus accessible aux utilisateurs qui ne connaissent pas ses fonctions et ses formules. Il permet à ces utilisateurs d'obtenir des informations à partir de leurs données sans avoir à comprendre les complexités du langage mathématique utilisé par Excel.

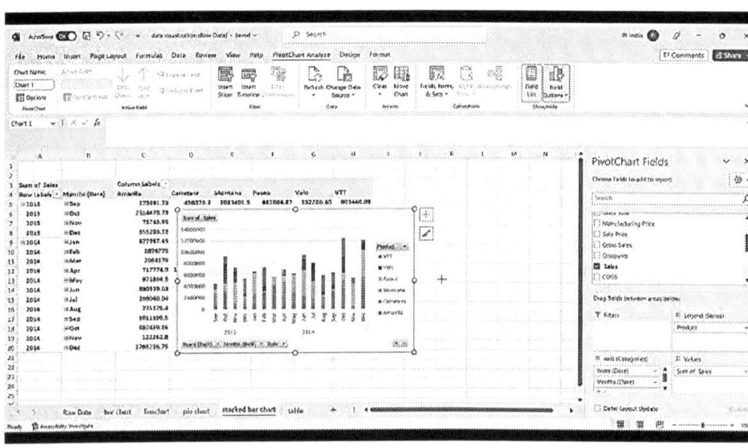

Image 3.6: Recherche de langue naturelle dans Excel

C'est un grand pas en avant pour rendre l'analyse des données plus accessible à un public plus large, et cela ouvre la puissance d'Excel à de nouveaux utilisateurs qui ont peut-être été intimidés par sa complexité dans le passé. Il s'agit d'un pas en avant pour rendre l'analyse des données plus accessible à un public plus large.

7. Tableaux croisés dynamiques améliorés avec modèles de données

Dans Excel, les tableaux croisés dynamiques ont toujours été un outil efficace pour résumer et analyser les données ; mais, avec la sortie d'Excel 2023, ces tableaux deviendront beaucoup plus puissants grâce à l'ajout de modèles de données. Un modèle de données est un type particulier de table de données qui permet aux utilisateurs de construire des associations entre différentes tables et d'effectuer des analyses plus complexes.

Même si les tables se trouvent dans différentes feuilles de calcul ou classeurs, vous pouvez toujours placer toutes vos données dans un tableau croisé dynamique, par exemple en créant un modèle de données à partir de nombreuses tables et en le rassemblant en un seul endroit . De plus, les modèles de données vous permettent d'utiliser les expressions d'analyse de données (DAX), un langage pour les formules qui offre des fonctions et des capacités plus sophistiquées que les formules fournies en standard avec Excel.

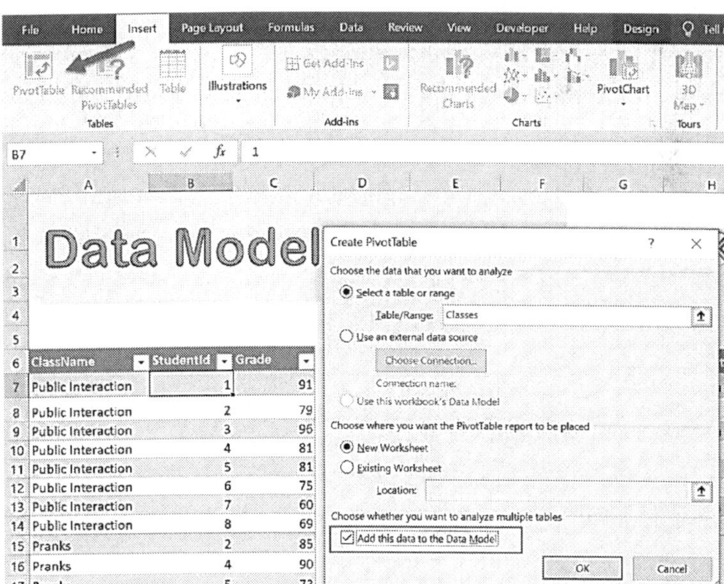

Image 3.7: Modèles de données et tables pivotantes expliquées

8. Édition collaborative des données

Avec la sortie de l'édition collaborative des données, Excel 2023 a fait de grands progrès vers son objectif d'améliorer l'expérience utilisateur tout en travaillant avec d'autres personnes. Grâce à cette fonctionnalité, plusieurs personnes peuvent travailler simultanément sur le même fichier Excel, toutes les modifications étant synchronisées en temps réel.

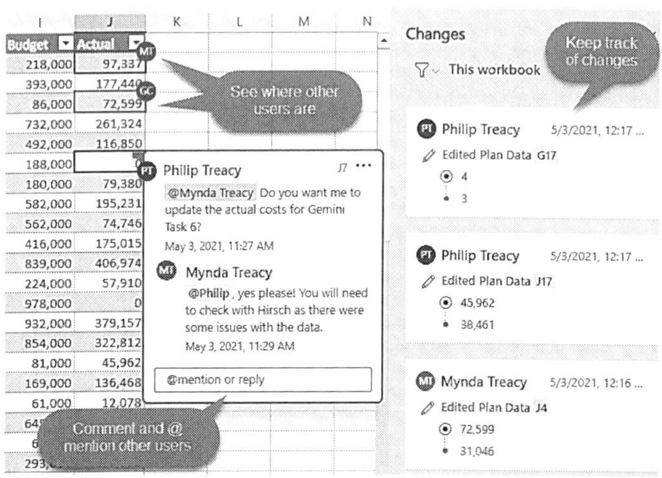

Image 3.8: Édition de données en collaboration expliquée

La modification des données dans un environnement de groupe peut être très utile pour les équipes réparties sur de nombreux sites ou opérant à distance. La capacité de collaborer en temps réel, avec tous les membres de l'équipe capables de voir et de réagir aux changements en temps quasi réel, se traduit par une augmentation de la productivité et de l'efficacité.

9. Scripts Office dans Excel sur le Web

Les scripts Office sont le nom du nouvel outil d'automatisation qu'Excel 2023 a introduit dans la version en ligne d'Excel. Les scripts Office vous permettent d'automatiser les processus que vous effectuez de manière répétée en vous permettant d'enregistrer ces actions dans Excel, puis de les enregistrer sous forme de script.

Après cela, chaque fois que vous devez effectuer la même opération, vous pouvez simplement exécuter le script, ce qui vous fera gagner du temps et du travail. Il est également possible de partager des scripts avec d'autres personnes, ce qui simplifie grandement la distribution et la standardisation des procédures dans l'ensemble d'un groupe ou d'une entreprise."

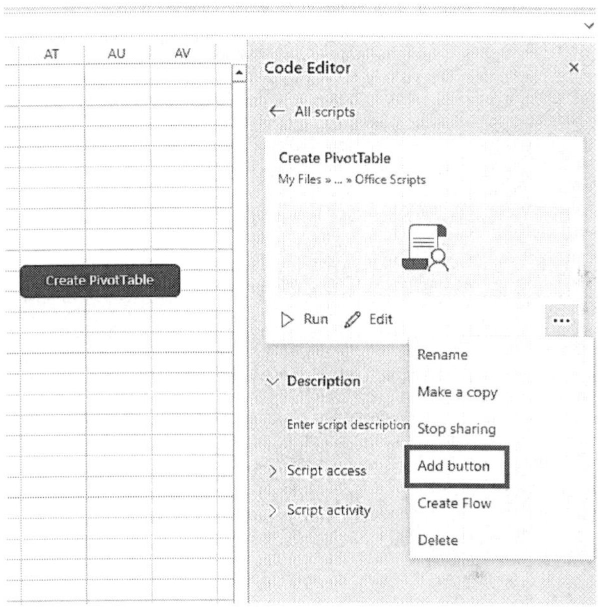

Image 3.9: Automatisation améliorée avec des scripts

"Explorer des fonctionnalités avancées pour rationaliser votre travail

Types de données riches :

Excel 2023 propose de nouveaux types de données appelés types de données riches, qui sont des extensions de types de données plus conventionnels tels que le texte et les nombres entiers. Les nouvelles formes de données tirent des informations supplémentaires pertinentes d'Internet, ce qui rend l'analyse des données plus complète et approfondie. Grâce à ces capacités, il existe désormais davantage d'opportunités d'analyse de données et de développement d'informations.

Tableaux dynamiques:

La mise en œuvre de tableaux dynamiques est une autre amélioration visible dans Excel 2023. Les formules peuvent désormais renvoyer de nombreux résultats à plusieurs cellules grâce aux tableaux dynamiques, qui remplacent la méthode traditionnelle d'exécution des opérations cellule par cellule. Excel peut devenir un outil plus efficace pour la manipulation des données grâce à cette capacité, qui peut grandement simplifier les calculs et les analyses difficiles.

Intégration avec Power BI :

Excel 2023 a amélioré son interaction avec Power BI, une technologie d'analyse d'entreprise qui communique avec Excel. La nouvelle version ajoute la prise en charge des types de données de date et d'heure ainsi que des mesures implicites dans les tableaux croisés dynamiques Power BI, telles que les agrégations. La capacité d'Excel à effectuer des analyses est renforcée grâce à ces améliorations, qui font également du programme une ressource plus flexible pour l'informatique décisionnelle.

Accessibilité améliorée :

Excel version 2023 offre une accessibilité améliorée pour les lecteurs d'écran, ce qui rend le programme plus utile pour les personnes ayant une déficience visuelle. La base d'utilisateurs d'Excel augmentera grâce à cette mise à jour, qui démontre l'engagement de Microsoft envers la diversité et l'inclusion sur le lieu de travail.

Lecteur immersif :

Excel 2023 a une nouvelle fonctionnalité appelée le lecteur immersif, qui offre une expérience de lecture plus attrayante afin d'améliorer la capacité de l'utilisateur à comprendre ce qu'il lit. Cette fonctionnalité peut être particulièrement utile dans les contextes où la compréhension et l'interprétation rapides et précises des données sont de la plus haute importance."

Chapitre 4

Fonctions, formules et exercices pratiques

"Excel 2023 est un outil essentiel pour analyser des quantités massives de données dans le domaine de la prise de décision basée sur les données. Fonctions, formules et exercices pratiques sont au cœur de ce processus. Ces éléments représentent le socle de l'arsenal d'un utilisateur d'Excel et sont essentiels à son fonctionnement.

Les fonctions Excel sont des formules qui ont été pré-construites par Excel afin qu'il puisse exécuter une variété de calculs différents. Il existe littéralement des centaines de ces fonctions, et chacune est spécifiquement conçue pour effectuer une certaine tâche. Ils peuvent être aussi simples que la fonction SUM, qui additionne simplement toutes les valeurs d'une plage, ou aussi complexes que la fonction VLOOKUP, qui recherche dans une vaste base de données pour localiser des données particulières. L'adaptabilité et l'utilité des fonctions sont les principales sources de leur force. Les utilisateurs peuvent utiliser des outils pour automatiser les calculs, ce qui leur fera gagner un temps considérable par rapport au calcul manuel d'un résultat.

D'autre part, les formules sont des calculs créés par l'utilisateur qui sont propres à l'application. Ils ont la possibilité d'utiliser une, certaines ou aucune des fonctionnalités d'Excel. Les utilisateurs ont la possibilité de construire leurs propres calculs pour répondre à leurs propres besoins via l'utilisation de formules. Ils permettent un niveau de personnalisation qui ne peut pas être obtenu via l'utilisation de fonctions prédéfinies. Les utilisateurs peuvent faire des calculs tels que calculer la taxe de vente pour une facture ou établir le score moyen d'un étudiant rapidement et précisément grâce à l'utilisation de formules.

Cependant, la puissance des fonctions et des formules n'est pas pleinement reconnue tant qu'elles ne sont pas appliquées ensemble à des exercices réels. C'est là que réside leur plus grand potentiel. Les principaux objectifs des exercices pratiques sont doubles. Tout d'abord, ils donnent un contexte pour l'utilisation des fonctions et des formules, ce qui permet aux utilisateurs de comprendre quand et pourquoi ils doivent utiliser une certaine fonction ou formule. Deuxièmement, ils fournissent un contexte pour l'utilisation des données qui sont manipulées par l'utilisateur. Deuxièmement, ils offrent aux utilisateurs la possibilité de mettre en pratique ce qu'ils ont appris dans un cadre sûr et sécurisé. Cette pratique pratique aide non seulement à renforcer le processus d'apprentissage, mais garantit également que les utilisateurs sont capables d'utiliser des fonctions et des formules avec confiance dans des situations basées sur le monde réel.

Les organes vitaux d'Excel 2023 sont ses fonctionnalités, ses formules et les exercices pratiques qui les accompagnent. Non seulement ils en font un instrument puissant pour l'analyse des données, mais ils garantissent également qu'il est convivial et disponible pour tous les individus, quelle que soit leur expérience. Les utilisateurs pourront libérer tout le potentiel d'Excel 2023 et l'utiliser pour accélérer leur travail, améliorer leur prise de décision et les propulser vers le succès dans leur vie personnelle et professionnelle s'ils tirent parti de ces technologies et les mettent à profit. Cette idée fondamentale est ce qui fait d'Excel un instrument qui peut être utilisé pendant une période infiniment longue, et qui continue de se développer à chaque nouvelle édition, même l'itération qui sortira en 2023. Il ne suffit pas d'avoir une compréhension théorique de la façon dont l'instrument fonctionne ; il faut également être capable de mettre ces connaissances théoriques en pratique significative et applicable."

"Comprendre les principes fondamentaux des fonctions et des formules Excel

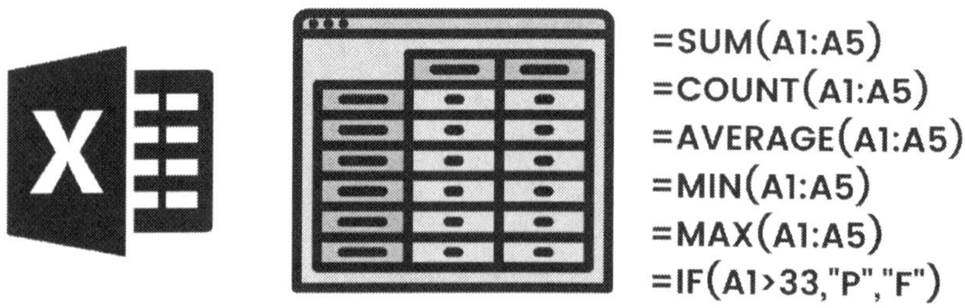

Image 4.1: Fonctions et formules de base dans Excel

1. Comprendre les bases des fonctions et formules Excel

Excel est un programme sophistiqué qui regorge d'une grande variété de fonctions et de formules destinées à rendre le processus de gestion et d'analyse des données plus efficace. Les fonctions et les formules d'Excel peuvent sembler compliquées lorsqu'elles vous sont présentées pour la première fois. néanmoins, leurs fondements reposent essentiellement sur des concepts mathématiques élémentaires. Le plus important est d'avoir une solide compréhension de la syntaxe, qui comprend le cadre et les règles qui déterminent comment la formule doit être construite.

Les formules Excel commencent toujours par un signe égal (=), qui indique à Excel de calculer la valeur qui vient après dans la formule. La structure typique ressemble à ceci : "=FUNCTION(arguments)." Le mot "arguments" fait référence aux valeurs qui seront calculées par la fonction, et le mot "FONCTION" fait référence à la commande Excel que vous utilisez, telle que SOMME ou MOYENNE. Il peut s'agir de chiffres ou de texte, mais les références de cellules sont de loin les plus répandues.

Utilisons la fonction SOMME comme illustration pour cela. Votre formule pourrait ressembler à ceci : "=SUM(A1:A3)" si vous souhaitez additionner les valeurs trouvées dans les cellules A1, A2 et A3. Le symbole pour "à" entre les références de cellule est un deux-points (:) ; ainsi, la référence "A1:A3" englobe toutes les cellules allant de A1 à A3. Il est également possible d'ajouter des cellules ou des nombres entiers spécifiques, tels que "=SUM(A1, A2, 5)".

Il est important de garder à l'esprit que les formules Excel ne font pas la différence entre les lettres majuscules et minuscules ; par conséquent, "=SUM(A1:A3)" est identique à "=sum(A1:A3)". Garder votre syntaxe constante, en revanche, est une bonne pratique qui améliore la lisibilité.

2. Travailler avec des formules arithmétiques de base

Excel est, par essence, une gigantesque calculatrice. Vous pouvez l'utiliser pour effectuer les quatre actes fondamentaux de l'arithmétique : addition, soustraction, multiplication et division. Ces opérations respectent la même contrainte grammaticale que les fonctions, qui les obligent à commencer par un signe égal (=), mais elles le font de manière plus claire.

Par exemple, pour ajouter les valeurs situées dans les cellules B2 et B3, vous devez mettre "=B2 + B3" dans ces cellules. L'expression de la soustraction est "=B2 - B3", l'expression de la multiplication est "=B2 * B3" et l'expression de la division est "=B2 / B3". Alternativement, les nombres peuvent être utilisés à la place des références de cellule.

N'oubliez pas qu'Excel fonctionne selon la séquence d'opérations connue sous le nom de PEMDAS et BODMAS. Lorsque vous travaillez avec des formules plus compliquées, il est essentiel d'utiliser des parenthèses pour contrôler l'ordre dans lequel les calculs sont effectués. Par exemple, l' expression "=(B2 + B3) * B4" ajoutera d'abord B2 et B3 avant de multiplier le résultat par B4.

3. Plonger plus profondément dans les fonctions Excel

Excel dispose d'un grand nombre de fonctions organisées dans une variété de domaines, notamment les statistiques, la logique, le texte, la date et l'heure, etc. Les compétences Excel peuvent être considérablement améliorées en se familiarisant avec ces fonctionnalités et en les utilisant.

La fonction MOYENNE détermine la valeur moyenne des cellules qui ont été données. Par exemple, "=AVERAGE(B2:B10)" calcule la moyenne de toutes les valeurs incluses dans la plage de cellules B2 à B10. D'autre part, la fonction COUNT détermine le nombre de cellules à l'intérieur d'une plage qui sont numériques et compte ces cellules. Par conséquent, entrer "=COUNT(B2:B10)" dans la formule d'une cellule entraînera le retour du nombre de cellules dans la plage B2 à B10 qui contiennent une valeur numérique.

La fonction SI est une autre option ; il effectue un test logique et renvoie une valeur si le test réussit tout en fournissant une valeur différente si le test échoue. "=IF(logical_test , value_if_true , value_if_false)" est la syntaxe à utiliser. Par exemple, l'expression "=IF(B2 > B3, "Greater", "Lesser")" donnera le résultat "Greater" si la valeur en B2 est supérieure à la valeur en B3, et "Lesser" sinon.

4. Comprendre les références de cellule absolues et relatives

La distinction entre les références de cellules relatives et absolues est l'un des aspects les plus importants des formules dans Excel. Par défaut, Excel utilise des références relatives. Excel modifie les références de cellule afin qu'elles correspondent à l'emplacement de la nouvelle cellule chaque fois que vous copiez et collez une formule d'une cellule à une autre.

Imaginons que vous ayez une formule dans la cellule C1 indiquant "= A1 + B1". Supposons également que cette formule soit correcte. Cette formule deviendra "=A2 + B2" si vous la copiez et la collez dans la cellule C2 à partir d'un autre emplacement. La formule a été modifiée pour tenir compte de la ligne supplémentaire.

D'un autre côté, il y a des occasions où vous voulez qu'une référence de cellule reste la même, ce qui est connu comme ayant un statut "absolu". Mettre un signe dollar ($) devant la lettre de la colonne, le numéro de la ligne ou les deux est tout ce qui est nécessaire pour accomplir cela. Par conséquent, "$A1" corrige la colonne, "A$1" corrige la ligne et "$A$1" corrige les deux en même temps.

Prenons l'exemple d'avant, par exemple. Si vous aviez une formule dans la cellule C1 qui lisait "=$A$1 + B1" et que vous la copiiez et la colliez dans la cellule C2, la formule lirait toujours "=$A$1 + B2". Alors que la référence à A1 est restée absolue, l'ajustement à B1 a été effectué de manière comparative.

5. Exploiter la puissance des formules matricielles

Les capacités plus complexes d'Excel, connues sous le nom de formules matricielles, permettent aux utilisateurs d'effectuer de nombreux calculs simultanément, puis de renvoyer un résultat unique ou plusieurs résultats. Les formules de tableau effectuent leurs opérations sur un ou plusieurs ensembles de valeurs, appelés arguments de tableau.

Une bonne illustration de ceci est la fonction SUMPRODUCT, qui prend les tableaux fournis en entrée, multiplie leurs composants respectifs, puis renvoie le total de ces produits. Par exemple, si vous aviez deux tableaux d'entiers dans les plages A2:A4 et B2:B4, la formule "=SUMPRODUCT(A2:A4, B2:B4)" multiplierait chaque paire de nombres ensemble, puis additionnerait les produits de ces multiplications.

L'expression =MAX(A2:A7-B2:B7) est encore une autre formule matricielle forte. Les accolades indiquent que la formule est une formule matricielle, ce qui nécessite que Ctrl+Maj+Entrée soit saisi plutôt que simplement Entrée. Cette formule prend chaque valeur dans le deuxième tableau (B2:B7), détermine la valeur équivalente dans le premier tableau (A2:A7), puis renvoie la valeur qui représente la plus grande disparité entre les deux ensembles de données."

"Instructions pas à pas pour l'utilisation des fonctions courantes et la création de formules personnalisées

1. Utilisation de la fonction SUM : une compétence de base dans Excel

La fonction SOMME d'Excel est l'une des formules et fonctions les plus utilisées du programme.

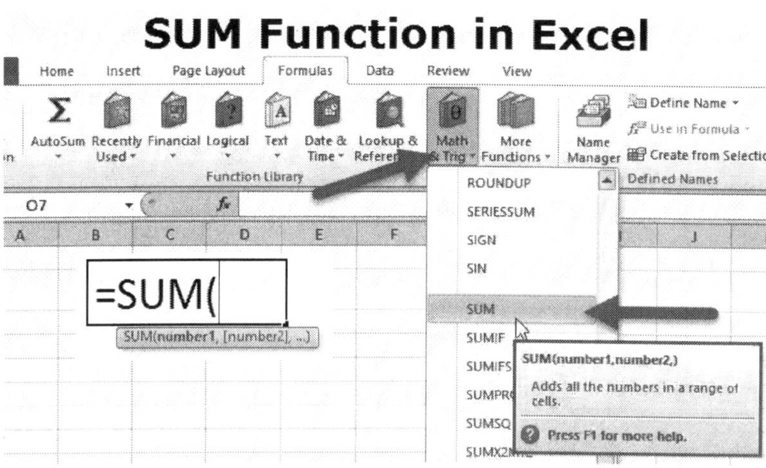

Image 4.2: Fonction SUM expliquée

Il résume tous les nombres qui sont inclus dans une certaine plage de cellules. Voici comment vous devez l'utiliser:

Pour commencer, choisissez la cellule dans laquelle le total doit apparaître sur la feuille de calcul. Cela se voit généralement à la toute fin d'une colonne ou d'une rangée de valeurs numériques. Pour commencer la formule, commencez par taper un symbole égal (=). Après cela, vous devez mettre "SOMME(" sans guillemets. À ce stade, vous avez la possibilité de saisir manuellement la plage de cellules, ou vous pouvez utiliser votre souris pour sélectionner la plage. Par exemple, si vous souhaitez additionnez le contenu des cellules A1 à A10, vous pouvez mettre "A1:A10" dans la case. Après avoir fermé les parenthèses, appuyez sur la touche Entrée. Votre formule doit être écrite comme ceci : "=SUM(A1:A10) ".

La chose merveilleuse à propos d'Excel est que si vous modifiez l'un des nombres dans les cellules A1 à A10, le total se mettra instantanément à jour. Cette fonction est disponible dans la gamme A1 à A10.

2. Exploiter la puissance de la fonction MOYENNE

La fonction MOYENNE est une autre fonction souvent utilisée qui détermine la moyenne des valeurs qui lui sont envoyées pour évaluation.

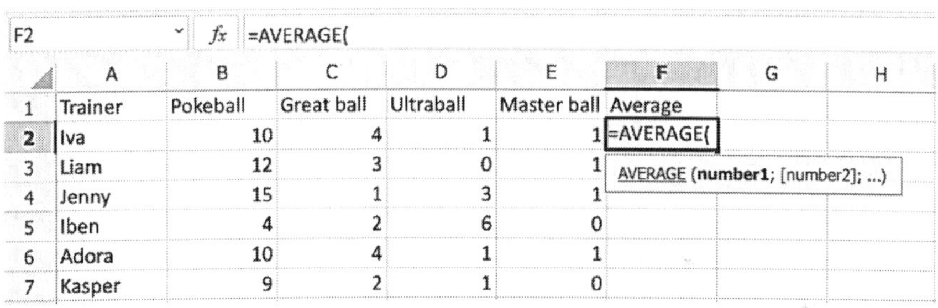

	A	B	C	D	E	F	G	H
1	Trainer	Pokeball	Great ball	Ultraball	Master ball	Average		
2	Iva	10	4	1	1	=AVERAGE(		
3	Liam	12	3	0	1			
4	Jenny	15	1	3	1			
5	Iben	4	2	6	0			
6	Adora	10	4	1	1			
7	Kasper	9	2	1	0			

Image 4.3: Fonction AVERAGE expliquée

Il est simple à utiliser et a le potentiel de gagner beaucoup de temps. Comment faire:

Assurez-vous d'avoir sélectionné la cellule où vous voulez que la moyenne apparaisse. Pour calculer la moyenne, tapez simplement "MOYENNE(" sans les guillemets après le symbole égal (=). Vous avez maintenant la possibilité de taper la plage de cellules que vous souhaitez calculer en moyenne ou d'utiliser votre souris pour sélectionner la plage, comme vous le faites lorsque vous utilisez la fonction SOMME. Après avoir fermé les parenthèses, appuyez sur la touche Entrée. Par conséquent, la formule que vous utiliseriez pour obtenir la moyenne des cellules B1 à B10 ressemblerait à ceci : "=MOYENNE(B1:B10)."

Lorsque vous devez calculer rapidement des moyennes dans un énorme ensemble de données, cette fonction peut être très utile car elle fonctionne rapidement. Semblable au fonctionnement de la fonction SOMME, la moyenne sera automatiquement mise à jour si l'un des nombres dans la plage définie est modifié.

3. Prendre des décisions avec la fonction SI

Une fonction logique connue sous le nom de fonction SI renverra une valeur si une certaine condition a été remplie, mais elle renverra une valeur différente si la condition n'a pas été remplie.

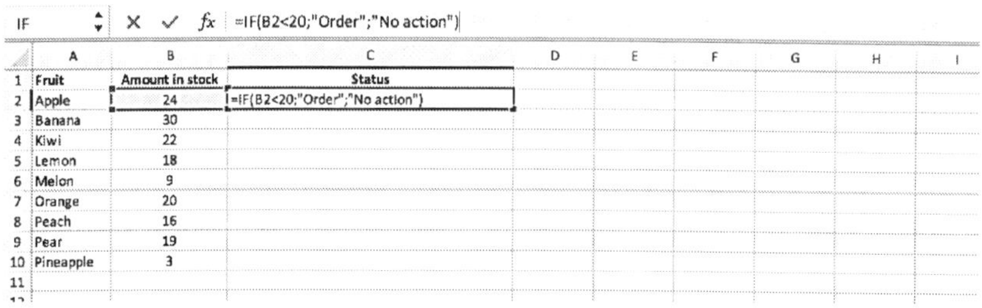

Image 4.4 : IF Function Expliquée

Voici comment vous devez l'utiliser:

Assurez-vous que la cellule est sélectionnée là où vous voulez que le résultat apparaisse. Pour commencer, tapez le symbole égal (=), puis tapez "SI(" sans les guillemets. À ce stade, vous devrez fournir trois paramètres différents délimités par des virgules. Le premier argument sera mis à l'épreuve de la logique. Tout condition, telle que "C1 > 20", peut entrer dans cette catégorie. La valeur renvoyée à l'appelant si la condition est satisfaite est indiquée par le deuxième paramètre. Il peut s'agir d'une valeur numérique, d'une chaîne de texte ou même une autre formule. La valeur renvoyée lorsque la condition est fausse est indiquée par le troisième paramètre. Après avoir ajouté les trois paramètres, assurez-vous que les parenthèses sont fermées, puis appuyez sur la touche Entrée.

Si vous vouliez vérifier si la valeur de la cellule C1 est supérieure à 20, par exemple, et renvoyer "Oui" si c'est le cas, votre formule pourrait ressembler à ceci : "=SI(C1 > 20, "Oui", "Non ")."

4. Création de formules personnalisées avec des opérateurs arithmétiques de base

En plus d'utiliser les fonctions déjà intégrées au programme, vous pouvez également écrire vos propres formules en utilisant les opérateurs arithmétiques standard tels que plus (+), moins (-), multiplier (*) et division (/). Comment faire:

Assurez-vous que la cellule est sélectionnée là où vous voulez que le résultat apparaisse. Pour commencer la formule, commencez par taper un symbole égal (=). Vous êtes maintenant libre de commencer à taper votre recette personnalisée.

Arithmetic Operators		
Operator	Example	Result
plus sign (+)	=2+3	5
	=2+3+4+5	14
minus sign(-)	=5-4	1
	=10-5-2-1	2
asterisk (*)	=5*4	20
	=5*4*3*2*1	120
forward slash (/)	=5/2	2.5
	=10/2/2	2.5
percent (%)	=20%	0.2
caret (^)	=2^4	16
	=2^4^2	256

Image 4.5 : Opérateurs arithmétiques expliqués

Par exemple, si vous vouliez multiplier la valeur de la cellule D1 par la valeur de la cellule D2, puis ajouter 10, la formule que vous utiliseriez ressemblerait à ceci : "=D1 * D2 + 10". Lorsque vous avez terminé, appuyez sur la touche Entrée.

Gardez à l'esprit qu'Excel respecte l'ordre des opérations (BODMAS/PEMDAS); ainsi, l'utilisation de parenthèses est le meilleur moyen de garantir que les opérations sont effectuées dans l'ordre approprié. Par exemple, l'expression "=D1 * (D2 + 10)" ajoutera d'abord 10 à la valeur de D2, puis la multipliera par la valeur de D1 pour obtenir le résultat final.

5. Libérer la puissance des formules combinées

Les formules combinées d'Excel sont celles qui combinent deux ou plusieurs fonctions en une seule formule afin de rendre la formule plus puissante. Voici un exemple d'utilisation des fonctions SOMME et SI :

Assurez-vous que la cellule est sélectionnée là où vous voulez que le résultat apparaisse. Pour commencer la formule, commencez par taper un symbole égal (=). Maintenant, sans les guillemets, entrez "SUM(IF(" dans la zone de saisie.

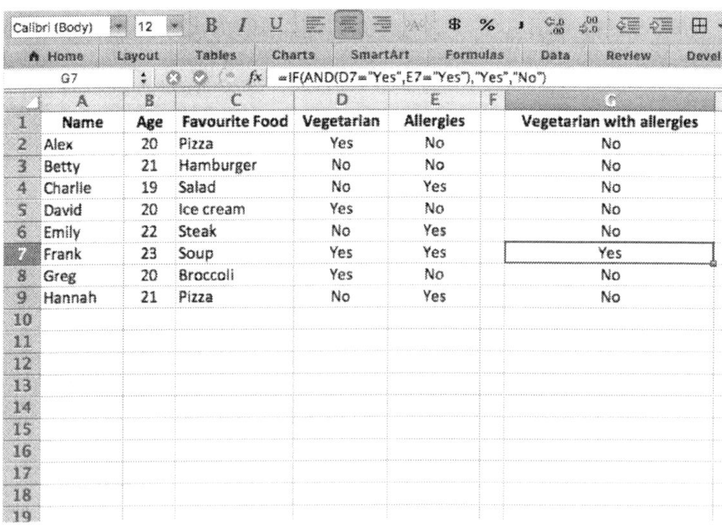

	A	B	C	D	E	F	G
1	Name	Age	Favourite Food	Vegetarian	Allergies		Vegetarian with allergies
2	Alex	20	Pizza	Yes	No		No
3	Betty	21	Hamburger	No	No		No
4	Charlie	19	Salad	No	Yes		No
5	David	20	Ice cream	Yes	No		No
6	Emily	22	Steak	No	Yes		No
7	Frank	23	Soup	Yes	Yes		Yes
8	Greg	20	Broccoli	Yes	No		No
9	Hannah	21	Pizza	No	Yes		No

Image 4.6: Formules de combinaison expliquées

La fonction SI prend trois paramètres, qui sont les mêmes qu'auparavant : un test logique, la valeur à renvoyer si le test réussit et la valeur à renvoyer si le test échoue. Dans ce cas particulier, cependant, nous voulons seulement additionner les cellules qui remplissent un certain critère.

Imaginons, pour les besoins de la discussion, que nous voulions additionner tous les nombres de la plage E1:E10 supérieure à 50. L'énoncé "E1:E10 > 50" constituerait le test logique. Si la condition est remplie, nous voulons renvoyer la valeur qui correspond à cette cellule ; par conséquent, "E1:E10" est la valeur si la condition est remplie.

Comme nous ne voulons pas que le total contienne des cellules qui ne répondent pas à l'exigence, nous avons défini la valeur si faux sur "0". Une fois que vous avez terminé de fermer les parenthèses pour la fonction SI et la fonction SOMME, appuyez sur Entrée pour terminer. Votre formule doit être écrite comme suit : "=SUM(IF(E1:E10 > 50, E1:E10, 0))".

Gardez à l'esprit que vous devez utiliser Ctrl + Maj + Entrée plutôt que simplement Entrée pour compléter cette formule matricielle.

Vous pouvez commencer à exploiter le potentiel des fonctions et des formules Excel en suivant attentivement ces instructions étape par étape. Gardez à l'esprit que la seule façon d'apprendre vraiment Excel est de pratiquer régulièrement. par conséquent, n'ayez pas peur de jouer avec une variété de fonctions et de formules pour voir les résultats qu'elles produisent."

"Des exercices pratiques avec des mises en situation réelles pour appliquer vos connaissances

1. Calcul des ventes totales : utilisation de la fonction SOMME

Imaginez que vous êtes le responsable d'une équipe de vente et que vous disposez d'une liste des numéros de vente individuels pour chaque membre de votre équipe. Afin de remplir un rapport, vous devez calculer le montant total des ventes. La fonction SOMME est très utile dans des situations comme celle-ci.

Disons que les statistiques de ventes sont données dans la colonne B, en commençant par la cellule B2 et en remontant jusqu'à la cellule B11. Pour obtenir le montant total des transactions, vous devez insérer la formule "=SUM(B2:B11)" dans la cellule B12. Excel effectuera un calcul pour déterminer le total des nombres contenus dans les cellules B2 à B11, puis affichera le résultat dans la cellule B12 lorsque vous appuierez sur la touche Entrée.

L'utilisation de la fonction SOMME, qui est à la fois simple et applicable à des circonstances réelles, est illustrée dans l'exemple suivant. La fonction SOMME d'Excel est un outil essentiel que vous utiliserez très souvent, que vous calculiez des chiffres de vente, des coûts ou tout autre type de données numériques.

2. Analyse des données d'enquête : Déploiement de la fonction MOYENNE

Considérez un instant que vous êtes un chercheur qui a mené une étude et obtenu des réponses dans lesquelles des individus ont évalué un produit sur une échelle allant de 1 à 5. Vous souhaitez connaître la note typique. La fonction MOYENNE est l'instrument requis pour la tâche.

Considérez que les cotes se trouvent dans la colonne C, cellules C2 à C101. Vous pouvez insérer la formule "=AVERAGE(C2:C101)" dans la cellule C102 de la feuille de calcul. Excel effectuera un calcul pour déterminer la moyenne des nombres contenus dans les cellules C2 à C101 lorsque vous appuyez sur la touche Entrée, et il affichera le résultat dans la cellule C102.

Cela illustre bien la façon dont la fonction MOYENNE peut être utilisée dans le contexte de l'analyse des données. Lorsque vous travaillez avec des ensembles de données volumineux, tels que des résultats d'enquête ou des résultats de test, il s'agit d'un équipement essentiel à avoir.

3. Évaluation des performances : mise en œuvre de la fonction IF

Imaginez un instant que vous êtes enseignant et que vous devez trier lesquels de vos élèves ont réussi un test et lesquels ne l'ont pas réussi. Vous pouvez automatiser cette procédure en utilisant la fonction SI dans votre langage de programmation.

Considérez que les notes des étudiants sont répertoriées dans la colonne D, cellules D2 à D31. Vous avez la possibilité d'entrer une formule dans la colonne E qui utilise la fonction SI, qui renverra "Pass" si le score de l'étudiant est de 70 ou plus et "Fail" s'il est inférieur à 70.

Saisissez l'expression "=IF(D2>=70, "Pass", "Fail")" dans le champ correspondant E2. Vous pouvez maintenant couper et coller cette formule dans les cellules E3 à E31 en la copiant et en la collant. Excel analysera le score de chaque étudiant et renverra un "Pass" ou "Fail" dans la colonne E, selon le résultat de l'évaluation.

Cet exemple montre comment la fonction SI peut être utilisée dans un environnement réel en utilisant une situation comme illustration. C'est un instrument puissant pour arriver à des jugements basés sur un ensemble de critères prédéterminés.

4. Préparer un budget : créer des formules personnalisées

Disons que vous travaillez sur votre propre budget personnel en ce moment. Dans les colonnes F et G, vous avez détaillé non seulement vos revenus, mais également les nombreux coûts associés à la vie. Votre excédent ou déficit mensuel peut être déterminé via l'utilisation d'une formule sur mesure, que vous pouvez construire vous-même.

Pour déterminer si vous avez un excédent ou un déficit, utilisez la colonne H pour soustraire vos coûts totaux de vos revenus. Mettez la formule "=F2-G2" dans la cellule H2 de la feuille de calcul. Vous pouvez maintenant couper et coller cette formule dans les cellules H3 à H12 en la copiant et en la collant. Excel déterminera si vous aviez un solde positif ou négatif pour chaque mois et affichera le résultat dans la colonne H.

Cette illustration vous montrera comment développer des formules sur mesure pour effectuer des calculs spécifiquement adaptés à vos besoins. Lorsqu'il s'agit d'Excel, avoir cette capacité est vraiment nécessaire.

5. Gérer un projet : combiner des fonctions dans une formule

Imaginez que vous êtes en charge de la gestion d'un projet et que vous disposez d'une liste de tâches avec les dates auxquelles elles doivent commencer et se terminer. Vous souhaitez savoir combien de jours ont été nécessaires pour effectuer chaque tâche. Pour ce faire, vous pouvez utiliser la fonction DATEDIF conjointement avec la fonction IF dans votre feuille de calcul.

Par exemple, supposons que la colonne I contienne les dates de début et la colonne J les dates de fin. Vous pouvez déterminer combien de jours ont été nécessaires pour effectuer chaque travail en utilisant la formule de la colonne K.

Entrez la formule "=DATEDIF(I2, J2, "d")" dans la cellule K2 de la feuille de calcul. Vous pouvez maintenant couper et coller cette formule dans les cellules K3 à K21 en la copiant et en la collant. Excel calculera le nombre de jours qui s'écoulent entre les dates de début et de fin de chaque travail et affichera le résultat dans la colonne désignée par K.

D'autre part, il est possible que certains travaux ne soient pas encore terminés. Dans le cas de ces responsabilités, la cellule de date de fin sera laissée vide et la fonction DATEDIF renverra le #NUM ! Valeur. Erreur. Vous pouvez utiliser la fonction météo pour vérifier si la cellule contenant la date de fin est vide, et si c'est le cas, elle renverra "En cours" plutôt qu'une erreur.

Apportez l'ajustement suivant à la formule qui se trouve dans la cellule K2 : "=IF(ISBLANK(J2), "In Progress," DATEDIF(I2, J2, "d"))" Lorsque vous copiez maintenant cette formule et que vous la collez dans les cellules K3 à K21, Excel renverra le nombre de jours pour les activités qui ont été terminées, et il renverra "En cours" pour les tâches qui sont encore en cours.

Cette illustration montre comment vous pouvez combiner des fonctions à l'intérieur d'une formule pour effectuer la gestion et l'analyse des données dans un environnement réel. Excel est un programme compliqué, et avoir cette compétence peut augmenter considérablement la quantité de travail que vous faites.

6. Suivi des performances de vente : tirer parti de la fonction COUNTIF

Imaginez que vous êtes directeur des ventes et que vous disposez d'une liste de représentants commerciaux ainsi que du nombre de transactions que chaque représentant commercial a conclues jusqu'à présent ce mois-ci. Vous souhaitez savoir combien de professionnels de la vente ont réussi à conclure plus de dix transactions. La fonction NB.SI est idéale pour atteindre cet objectif.

Supposons que les noms des représentants sont répertoriés dans la colonne L, cellules L2 à L21 et que le nombre de transactions que chaque représentant a réalisées avec succès est répertorié dans la colonne M, cellules M2 à M21. Vous pouvez compter le nombre de représentants qui ont conclu plus de dix accords en saisissant la formule "=COUNTIF(M2:M21, ">10")" dans la cellule M22. Cela vous permettra de compter le nombre de représentants. Excel effectuera le décompte dès que vous cliquerez sur la touche Entrée et affichera le résultat dans la cellule M22.

Cet exemple explique comment la fonction NB.SI peut être utilisée dans un cadre représentatif du monde réel et des applications pratiques. C'est un instrument puissant pour compter les cellules qui satisfont à un critère donné, ce qui est extrêmement précieux dans l'analyse des données.

7. Analyse de l'inventaire : déploiement de la fonction VLOOKUP

Imaginez que vous êtes en charge de la gestion des stocks et que vous disposez d'une liste d'identifiants de produits et des prix qui leur correspondent dans les colonnes N et O de la feuille de calcul.

Vous avez reçu une liste distincte d'ID de produits, et il est de votre responsabilité de déterminer le prix des produits. Ce processus peut être rendu plus efficace en utilisant la fonction VLOOKUP.

Supposons que les ID de produit que vous devez rechercher se trouvent dans la colonne P, les colonnes P2 à P11, et vous pouvez les y trouver. Pour obtenir le prix de l'article avec l'ID dans la cellule P2, vous pouvez le trouver en saisissant la formule "=VLOOKUP(P2, N2:O21, 2, FALSE)" dans la colonne Q2 de votre feuille de calcul. Après cela, vous pouvez dupliquer cette formule et la mettre dans les cellules Q3 à Q11 où vous le souhaitez. Excel localisera les prix correspondant à chaque identifiant de produit et les affichera dans la colonne Q après avoir terminé sa recherche.

Il s'agit d'un exemple de travail qui montre comment la fonction VLOOKUP peut être utilisée pour rechercher des données dans une feuille de calcul. Lorsque vous travaillez avec d'énormes ensembles de données, cette fonctionnalité est vraiment nécessaire car elle peut vous aider à économiser beaucoup de temps et d'énergie (Quoi de neuf dans Excel (janvier 2023), 2023).

8. Organisation des données : utilisation de la fonction SORT

Imaginons que vous ayez affaire à un ensemble de données contenant des centaines de lignes de données réparties sur les colonnes R et S, et que vous deviez trier ces données en fonction des valeurs incluses dans la colonne S. Comment procéderiez-vous ? Le tri manuel des données n'est pas une option dans ce scénario ; cependant, Excel est équipé d'un outil SORT qui peut automatiser le processus et le rendre beaucoup plus simple.

Vous pouvez trier l'ensemble de données en fonction des valeurs de la colonne S en saisissant la formule "=SORT(R2:S101, 2, TRUE)" dans la colonne T. Cela entraînera le tri des valeurs par ordre croissant. Excel affichera le jeu de données trié dans les colonnes T et U dès que vous cliquerez sur la touche Entrée de votre clavier.

Il s'agit d'un exemple concret qui montre comment la fonction SORT peut être utilisée dans de nombreux types de situations. Lorsque vous travaillez avec d'énormes ensembles de données, ce logiciel est un outil utile car il facilite l'organisation et l'évaluation des données que vous avez collectées."

Chapitre 5

Création de tableaux et de graphiques dans Excel 2023

"Excel est un outil puissant, et tous ceux qui traitent quotidiennement des données devraient pouvoir l'utiliser pour créer des tableaux et des graphiques. Votre capacité à interpréter, analyser et afficher des données de manière à la fois claire et efficace peut considérablement s'améliorer grâce aux fonctionnalités sophistiquées disponibles dans Excel 2023.

Les tableaux d'Excel offrent un format plus propice au stockage organisé des données. Ils simplifient la saisie des données par les utilisateurs, et les fonctionnalités intégrées de tri et de filtrage permettent aux utilisateurs de modifier rapidement les données et d'effectuer des analyses. Vos feuilles de calcul auront une apparence plus soignée grâce à l'utilisation automatisée d'un format qui peut être modifié après avoir été converti en tableau à partir d'une plage de cellules sélectionnée. De plus, les tableaux Excel sont dynamiques, ce qui signifie qu'ils se mettent à jour automatiquement chaque fois que vous y ajoutez ou supprimez des données. Cela garantit que toutes les formules ou tous les graphiques faisant référence au tableau seront toujours exacts.

Avoir la possibilité de référencer des données de table dans des formules via l'utilisation de références structurées est l'un des avantages les plus importants de l'utilisation de tables dans Excel.

Vous pouvez faire référence à une colonne du tableau par son nom plutôt qu'à une cellule particulière ou à une plage de cellules du tableau. Cela facilite grandement la compréhension et le suivi des formules. Les formules qui utilisent des références structurelles se modifient également automatiquement chaque fois que de nouvelles lignes ou colonnes sont ajoutées ou supprimées du tableau. Cela aide à réduire la probabilité de faire des erreurs.

D'autre part, les graphiques fournissent une représentation visuelle des données, ce qui peut simplifier la compréhension des modèles, des tendances et des connexions. Ils sont capables de convertir des ensembles de données difficiles dans un format simple à comprendre, ce qui ouvre la voie à une analyse et à une prise de décision améliorées. Excel 2023 propose une grande variété de types de graphiques, tels que des graphiques linéaires, des graphiques à barres, des graphiques à secteurs, des nuages de points et bien d'autres. Chaque type de graphique est parfaitement adapté à un certain type de données et d'analyses, et Excel 2023 inclut tous ces types de graphiques et plus encore.

Par exemple, un graphique linéaire est un bon outil pour afficher les modèles qui émergent au fil du temps, mais un graphique à secteurs est un outil efficace pour afficher les composants qui composent un tout. Un nuage de points, en revanche, est un excellent outil pour décrire la connexion qui existe entre deux groupes de données différents. Votre choix du graphique doit être basé sur les caractéristiques des données dont vous disposez et les conclusions que vous souhaitez en tirer.

Excel 2023 possède des fonctionnalités qui vous permettent de personnaliser vos graphiques, notamment la possibilité de modifier les couleurs, les étiquettes, les titres et la légende, entre autres options. Afin de fournir une représentation visuelle plus complexe de vos données, vous pouvez même mélanger plusieurs types de graphiques.

Pour résumer, toute personne souhaitant exploiter le potentiel d'Excel pour l'analyse et la présentation de données doit d'abord maîtriser la construction de tableaux et de graphiques dans Excel

2023. Il s'agit d'une compétence essentielle. Dans le domaine de la prise de décisions basées sur des faits plutôt que sur la seule intuition, avoir les compétences nécessaires pour transformer des données non organisées en tableaux organisés et en graphiques esthétiquement attrayants n'est pas seulement un talent vital mais aussi un instrument puissant. Excel 2023 rend le processus de création de tableaux et de graphiques plus simple et plus efficace, vous permettant de vous concentrer davantage sur l'analyse et la présentation de vos données de la manière la plus efficace possible. Ceci est rendu possible par le fait qu'Excel 2023 prend en charge plus de 100 langues."

"Maîtriser l'art de la création et de la personnalisation de la table

Dévoiler la puissance des tableaux Excel

Les tableaux Excel sont plus que de simples collections de cellules dont le contenu est organisé en lignes et en colonnes. Ce sont des structures de données dynamiques qui fournissent une variété de caractéristiques en plus de la grille de données standard qui n'est pas disponible ailleurs. Vous aurez une capacité plus efficace à gérer et à évaluer les données connectées si vous utilisez des tableaux Excel. Excel fournit un certain nombre de fonctionnalités utiles, telles que l'expansion automatique, les colonnes calculées et une ligne de total, lorsque vous convertissez une plage de données en tableau. Ces fonctionnalités vous permettent de faire des résumés concis de vos données en peu de temps.

	A	B	C	D
1	Product	Qtr 1	Qtr 2	Grand Tota
2	Chocolade	$744.60	$162.56	$907.16
3	Gummibarchen	$5,079.60	$1,249.20	$6,328.80
4	Scottish Longbreads	$1,267.50	$1,062.50	$2,330.00
5	Sir Rodney's Scones	$1,418.00	$756.00	$2,174.00
6	Tarte au sucre	$4,728.00	$4,547.92	$9,275.92
7	Chocolate Biscuits	$943.89	$349.60	$1,293.49
8	Total	$14,181.59	$8,127.78	$22,309.37

Image 5.1: Tableau de base d'Excel

Convertir vos données en tableau est la toute première chose à faire pour devenir un expert en création de tableaux Excel 2023. Choisissez simplement une cellule n'importe où dans la plage de vos données, accédez à la page "Insérer" et cliquez sur le bouton "Tableau". Une boîte de dialogue de confirmation s'affiche pour vérifier la plage de données de la table. Assurez-vous que l'option 'Ma table contient des en-têtes' est cochée si les données avec lesquelles vous travaillez ont des en-têtes. Excel convertira automatiquement votre plage de données en tableau et lui appliquera un style prédéfini dès que vous appuierez sur le bouton "OK".

Personnalisation des styles de tableau

Excel 2023 propose une sélection de plusieurs modèles de tableau, ce qui vous permet de personnaliser l'apparence générale de votre tableau. Lorsque vous créez un tableau dans Excel, le programme lui applique automatiquement un style. Vous pouvez cependant facilement ajuster ce style pour vous conformer aux règles de présentation qui s'appliquent à votre domaine ou pour refléter votre propre inclination.

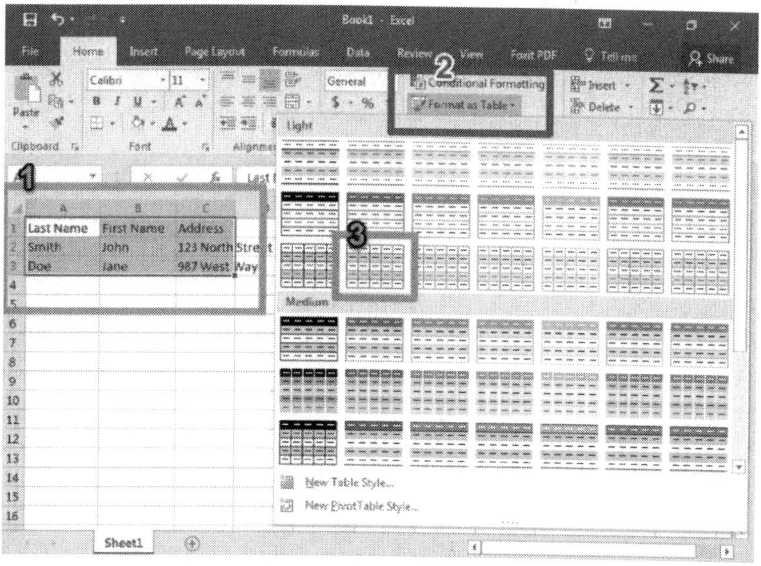

Image 5.2: Styles de table en Excel

Pour modifier l'apparence du tableau, vous devez d'abord choisir une cellule du tableau et cliquer dessus. Cela affichera "Outils de tableau" sur le ruban, ainsi qu'une option "Conception" pour modifier les tableaux. Dans cette section, la catégorie "Styles de tableau" propose une galerie de plusieurs styles de tableau pour votre lecture. Vous pouvez voir un exemple de la façon dont chaque style apparaîtra lorsqu'il sera appliqué à votre tableau en survolant celui-ci. Lorsque vous trouvez un look qui vous plaît, tout ce que vous avez à faire pour l'appliquer est de cliquer dessus.

Excel 2023 vous donne la possibilité de concevoir vos propres styles de tableau uniques en plus de ceux qui sont déjà prédéfinis. Vous trouverez l'option "Nouveau style de tableau" dans la section "Styles de tableau" du menu déroulant. Lorsque vous cliquez dessus, une boîte de dialogue apparaîtra dans laquelle vous pourrez concevoir votre propre style en définissant des fonctionnalités telles que la ligne d'en-tête, la ligne totale, les première et dernière colonnes, les lignes en bandes, etc. Vous avez également la possibilité de personnaliser la police, le remplissage des cellules et la bordure pour chaque élément individuel.

Trier et filtrer les données dans les tables

Les tableaux Excel sont équipés de fonctionnalités intégrées qui vous permettent de trier et de filtrer les données, ce qui simplifie la gestion et l'examen de vos données. Vous pouvez utiliser ces boutons, situés dans la ligne d'en-tête du tableau, pour trier vos données par ordre croissant ou décroissant, filtrer certains nombres ou définir vos propres critères de tri et de filtrage personnalisés.

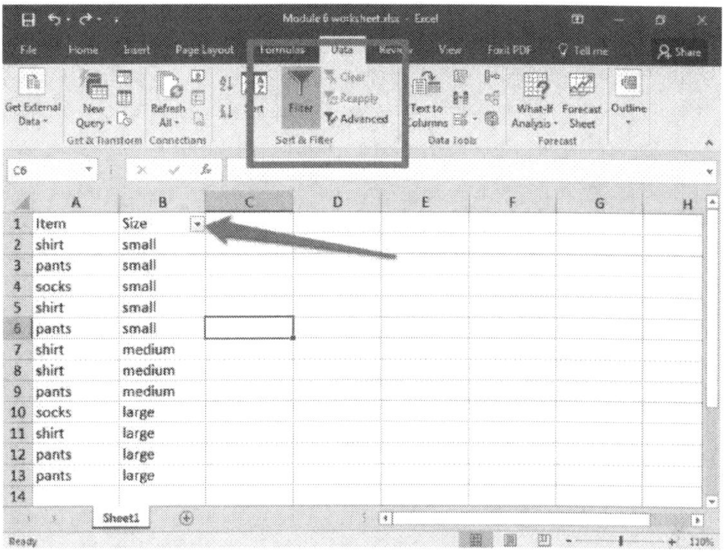

Image 5.3: Trier et filtrer les données

Pour trier vos données, il vous suffit de cliquer sur la flèche pointant vers le bas située dans l'en-tête de la colonne que vous souhaitez trier. Pour trier vos données, choisissez "Trier par ordre croissant" ou "Trier par ordre décroissant" dans le menu déroulant. Pour filtrer les données, cliquez sur la flèche dans l'en-tête de colonne pour afficher un menu déroulant, décochez l'élément qui dit "Sélectionner tout", puis sélectionnez uniquement les cases correspondant aux chiffres que vous souhaitez afficher.

Utilisation de références structurées dans des tableaux Excel

Vous aurez la possibilité d'utiliser des références structurelles dans vos calculs, ce qui est l'un des avantages les plus importants de l'utilisation de tableaux dans Excel 2023. Vous pouvez faire référence aux données d'un tableau en utilisant les noms de tableau et de colonne plutôt qu'en utilisant des références de cellule. si la table utilise des références structurées. De ce fait, les formules sont beaucoup plus simples à lire et à comprendre.

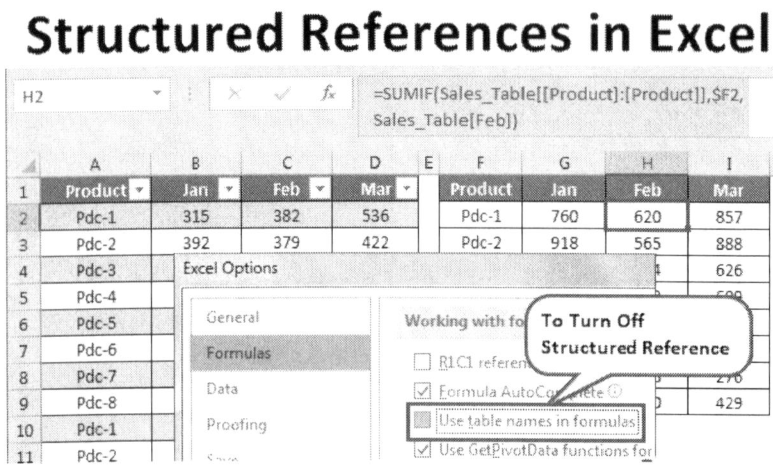

Image 5.4: Référence structurée dans Excel

Par exemple, si vous avez un tableau intitulé "Ventes" qui a des colonnes intitulées "Quantité" et "Prix", vous pourrez obtenir le total des ventes en utilisant la formule "=SOMME(Ventes[Quantité]*Ventes[Prix])." Le montant et le prix sont d'abord multipliés pour chaque ligne par cette formule, puis les résultats sont additionnés.

Lorsque vous ajoutez ou supprimez des lignes ou des colonnes du tableau, les références structurées s'adaptent également immédiatement pour refléter le changement. En ce qui concerne la gestion et l'analyse de vos données, cela peut réduire considérablement le risque d'erreurs et vous faire gagner du temps.

Ajout de colonnes calculées aux tableaux Excel

Excel 2023 vous donne la possibilité d'inclure des colonnes calculées dans tous les tableaux que vous créez. Une colonne calculée est une colonne qui est ajoutée à un tableau dans Excel, puis cette colonne est remplie à l'aide d'une formule après son ajout. L'algorithme est appliqué mécaniquement à chaque ligne du tableau, y compris toutes les lignes supplémentaires ajoutées ultérieurement.

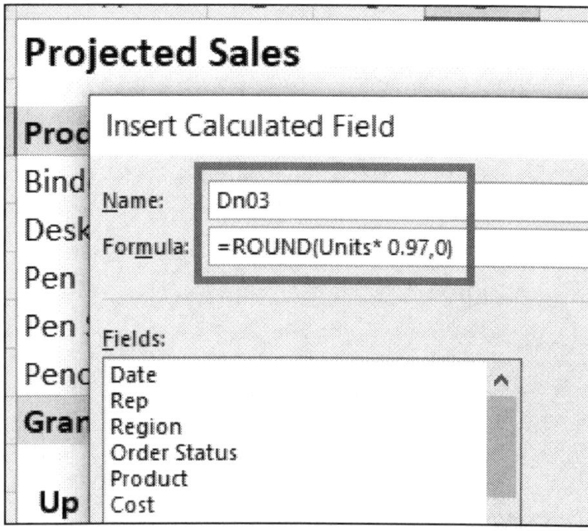

Image 5.5: Insérer des champs calculés dans Excel

La simple saisie d'une formule dans une nouvelle colonne à l'intérieur du tableau entraînera l'ajout d'une colonne calculée. Après cela, Excel effectuera les calculs nécessaires pour chaque ligne tout en remplissant automatiquement le reste de la colonne avec la formule. Lorsque vous avez besoin de faire des calculs sur les données de votre tableau, c'est un outil qui vous sera d'une grande utilité.

Par exemple, si vous aviez une table de données de ventes avec des colonnes pour la quantité et le prix, vous pouvez ajouter une colonne calculée pour les ventes totales en utilisant la formule "=[Quantité]*[Prix]" à la table. Cela vous fournirait une représentation précise de vos ventes. Excel calculera le montant total des ventes pour chaque ligne, puis remplira automatiquement la nouvelle colonne avec les valeurs résultantes."

"Créer des tableaux et des graphiques visuellement attrayants pour présenter efficacement les données

Comprendre les bases de la création de graphiques et de graphiques dans Excel 2023

Comprendre les opérations fondamentales d'Excel est la première étape pour créer des tableaux et des graphiques agréables à l'œil. Pour commencer, Excel propose une grande variété de formats de graphique, notamment des nuages de points, des graphiques linéaires, des graphiques à barres, des graphiques à secteurs et bien d'autres. Lorsqu'il s'agit d'exprimer des données, chaque type a une certaine fonction, et celui que vous choisissez doit être déterminé par les informations que vous souhaitez communiquer.

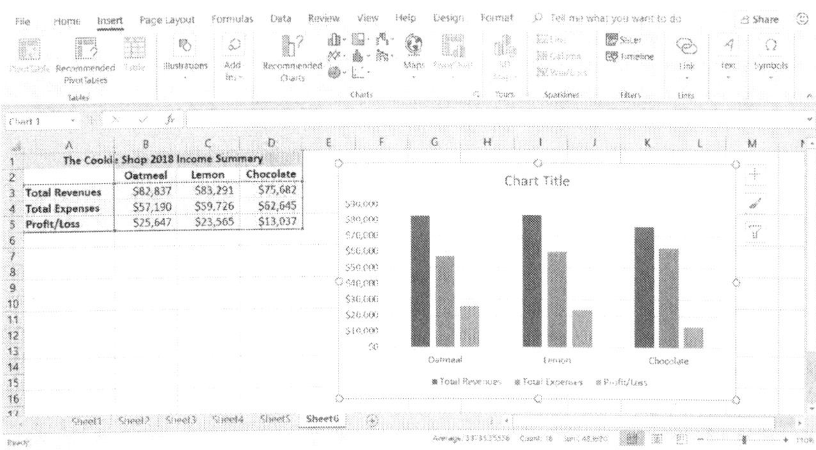

Image 5.6: Création de diagrammes et de graphiques dans Excel

Excel 2023 a une procédure de construction rapide et efficace lorsque le type de graphique a été choisi par l'utilisateur. Après avoir sélectionné la plage de données qui vous intéresse, accédez à l'option "Insérer" et choisissez le graphique qui correspond le mieux à vos besoins. Il en résulte un graphique simple qui, bien qu'il remplisse son objectif, peut ne pas avoir l'attrait esthétique recherché. Cette représentation brute se transformera en un outil visuellement engageant et communicatif dès le début du processus de raffinement qui aura lieu ici.

Comprendre votre public est essentiel au processus de conception pour générer un graphique attrayant. Votre méthode de personnalisation du graphique doit être guidée par votre compréhension de ce qui attire leur attention et des informations qu'ils doivent en extraire. Par exemple, un analyste financier peut aimer un graphique linéaire qui affiche les modèles financiers d'une entreprise , mais une équipe de vente peut préférer un graphique à secteurs qui illustre la répartition des parts de marché. Les deux graphiques ont pour but d'afficher des données.

Personnalisation des éléments de graphique pour une présentation efficace

Une fois que vous avez créé votre graphique de base, Excel 2023 propose une grande variété de choix pour le modifier, ce qui peut améliorer à la fois son utilité et son apparence générale. Les ajustements qui peuvent être apportés aux titres, étiquettes, axes et séries de données du graphique ne sont que quelques-uns des choix de personnalisation disponibles.

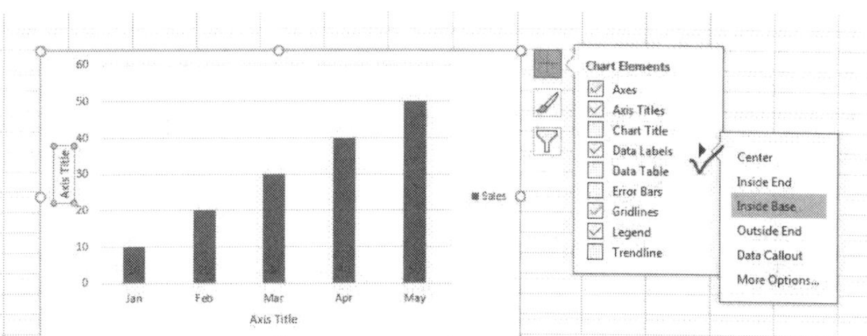

Image 5.7: Personnalisation des éléments du graphique

Par exemple, pour modifier un titre de graphique, sélectionnez le graphique, puis dans l'onglet "Outils de graphique", accédez à "Mise en page". À partir de là, dans le groupe "Libellés", choisissez "Titre du graphique". Ici, vous avez le choix de positionner et de formater votre titre, ce qui le rend plus facile à lire et à comprendre. Choisissez le graphique dont vous souhaitez modifier le titre, puis cliquez sur le bouton "Modifier".

Dans le même ordre d'idées, l'onglet "Format" offre une variété de choix de personnalisation pour les composants du graphique. Les éléments du graphique peuvent voir leurs couleurs modifiées, leur largeur de ligne ajustée ou même avoir des motifs ajoutés. Gardez à l'esprit, cependant, que bien que la personnalisation ait le potentiel de rendre votre graphique plus esthétique, le rendre trop compliqué pourrait le rendre plus difficile à lire.

Utiliser des couleurs et des styles pour améliorer la lisibilité

Lorsqu'il s'agit de représenter des données, la couleur est un outil très utile. Excel 2023 vous donne accès à une grande variété d'options de couleurs pour vos tableaux et graphiques, vous permettant de mettre en évidence des points de données importants, de faire la distinction entre les séries de données ou simplement de rendre votre graphique plus attrayant.

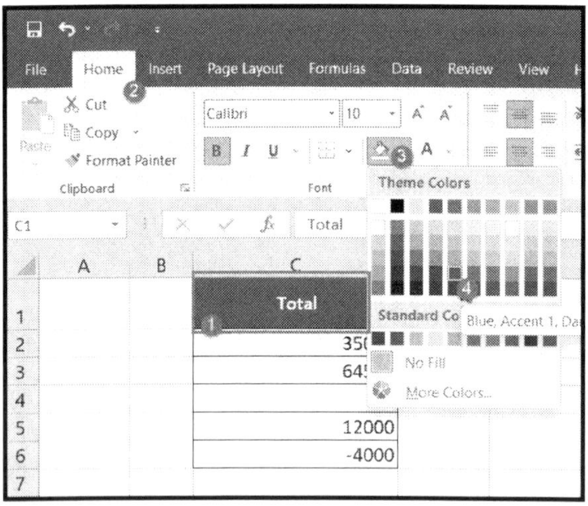

Image 5.8: Utilisation des couleurs et des styles dans les tables Excel

Utilisez une teinte distincte pour chaque zone dans un graphique à barres, par exemple, afin qu'il soit plus simple de comparer les ventes dans les différentes régions. Cela rendra le tableau plus facile à lire. Dans le même ordre d'idées, la modification des couleurs des lignes qui composent un graphique linéaire qui affiche les tendances dans le temps peut aider à identifier les différentes périodes.

Excel 2023 est également livré avec une pléthore de conceptions prédéfinies, toutes accessibles via le groupe « Conceptions de graphiques » situé dans l'onglet « Outils de graphique » du ruban. Ces styles fournissent une méthode simple pour rendre votre graphique plus attrayant à l'œil en fournissant une variété de schémas de couleurs, de fonds et de formes d'éléments.

Incorporer des effets visuels pour mettre l'accent

Excel 2023 a des effets graphiques qui, lorsqu'ils sont utilisés sur vos graphiques, peuvent améliorer la dimension et souligner les points clés. Parmi eux, l'ajout d'un effet tridimensionnel, l'application d'ombres et même d'effets de lumière sur les composants de votre graphique.

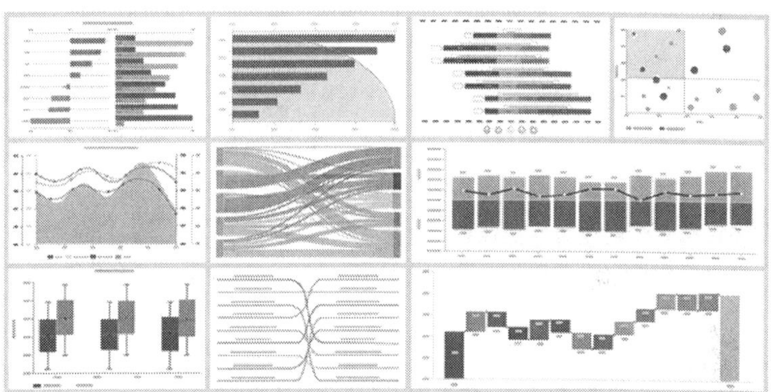

Image 5.9 : Effets visuels Excel

L'application d'un effet 3D, par exemple, à un graphique à secteurs peut le faire ressortir sur la page et attirer l'attention du lecteur sur cette partie particulière du graphique. Les ombres, d'autre part, peuvent être utilisées pour attirer l'attention sur certains aspects, tandis que les effets de lueur peuvent être utilisés pour accentuer les points de données clés.

Cependant, malgré le fait que ces effets ont le potentiel d'améliorer l'attrait esthétique de votre carte, vous ne devez les appliquer qu'occasionnellement. Une utilisation excessive peut encombrer votre graphique, ce qui peut le rendre plus difficile à comprendre et réduire son efficacité dans la transmission des données.

Utilisation des fonctionnalités de graphique interactif pour un engagement amélioré

Excel 2023 est livré préchargé avec des fonctionnalités interactives qui, lorsqu'elles sont utilisées correctement, peuvent augmenter considérablement le niveau d'engagement de l'utilisateur avec les graphiques que vous créez. Les segments et le contrôle de chronologie pour les graphiques croisés dynamiques , ainsi que les contrôles de formulaire et les barres de défilement, sont inclus dans ces fonctionnalités. Vos graphiques deviendront dynamiques une fois que vous les aurez inclus, permettant aux utilisateurs d'effectuer des analyses sur de nombreux sous-ensembles de données sans avoir à redessiner l'ensemble du graphique.

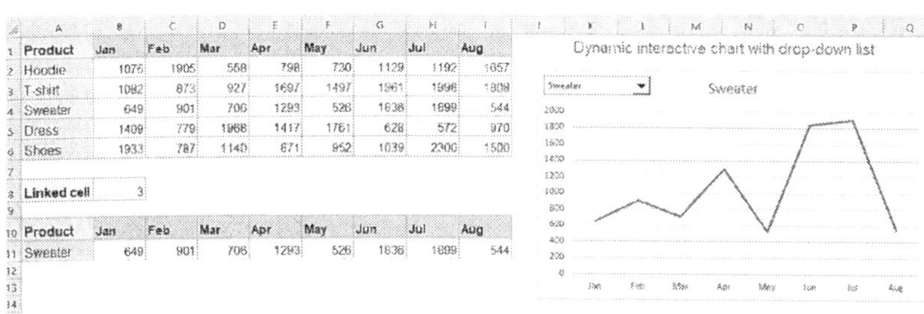

Image 5.10: Caractéristiques du graphique interactif d'Excel

Dans les graphiques croisés dynamiques, les segments et les contrôles de chronologie sont deux des outils les plus utiles. Prenons, par exemple, un graphique des ventes qui affiche les informations sur de nombreuses années. Les utilisateurs peuvent se concentrer sur certaines périodes de temps sans être submergés par toute la plage de données, grâce à l'introduction d'un contrôle de chronologie. D'autre part, les paramètres du graphique peuvent être modifiés à l'aide des contrôles de formulaire. Par exemple, une barre de défilement peut modifier la plage de données présentées, permettant aux utilisateurs de naviguer sur plusieurs périodes.

Malgré le fait que ces éléments interactifs peuvent être très utiles, vous devez les utiliser avec prudence. Les utilisateurs peuvent être confus ou frustrés lorsqu'ils interagissent avec des graphiques trop dynamiques, ce qui peut réduire le succès de la présentation de vos données.

Ajustement de la mise en page et du positionnement pour une lisibilité optimale

Il est crucial de fournir un affichage clair de vos données en ajustant soigneusement le style et le placement de vos graphiques. Cela implique de s'assurer que le graphique n'est pas encombré et que chaque élément peut être distingué des autres en trouvant un équilibre entre les nombreux composants qui composent le graphique. Excel 2023 possède un certain nombre de fonctionnalités utiles, notamment le panneau "Format", qui vous permet d'apporter des ajustements à des composants spécifiques, et l'onglet "Mise en page", qui vous permet d'apporter des modifications à la mise en page dans un sens plus général.

Par exemple, réfléchissez à l'endroit où placer la légende de votre graphique. Même si la position par défaut d'Excel est généralement suffisante, il existe quelques cas dans lesquels vous devrez peut-être la modifier afin de rendre votre graphique plus lisible. Cela peut être le cas lorsque la légende masque des données importantes ou lorsqu'un emplacement différent équilibrerait mieux la conception du graphique.

En plus de cela, pensez à la posture générale du graphique. Le lecteur ne doit pas être distrait ou confus par sa position ; il devrait plutôt être à un endroit où il améliore le texte qui l'entoure. Le graphique doit être facilement localisable tout en étant discret.

Expérimentation avec des types de graphiques avancés pour une présentation de données diversifiée

Excel 2023 propose un grand nombre de types de graphiques avancés, chacun pouvant donner une perspective unique sur les données avec lesquelles vous travaillez. Ces formes de graphiques plus complexes incluent les graphiques arborescents , les graphiques en cascade, les graphiques en rayon de soleil, les graphiques en boîte et à moustaches et les graphiques en histogramme. Chacun possède des fonctionnalités de visualisation spécialisées qui peuvent aider à améliorer la façon dont vous affichez vos données.

Prenez, par exemple, le graphique en cascade, qui est parfait pour afficher l'impact cumulé de l'introduction progressive de valeurs positives ou négatives sous la forme d'une séquence d'étapes. Lors de l'affichage des comptes financiers, cela peut être utile pour démontrer la lenteur du changement entre le solde initial et le solde final.

Un graphique arborescent , d'autre part, affiche vos données de manière hiérarchique et facilite l'identification des tendances, telles que les éléments d'un groupe qui sont les plus grands ou les plus petits du groupe. L'expérimentation de ces types de graphiques plus complexes peut vous fournir des méthodes innovantes pour afficher vos données, ce qui peut maintenir l'intérêt de votre public et rendre votre présentation plus réussie."

"Utilisation d'options graphiques avancées et de fonctionnalités de personnalisation

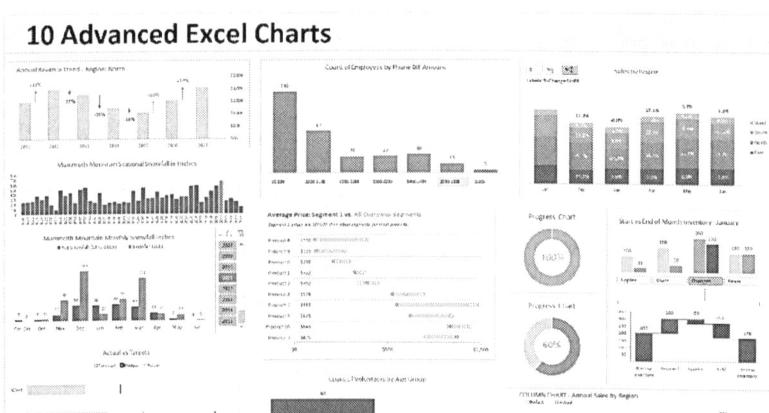

Image 5.11: Avancer les graphiques Excel

Adopter les types de graphiques avancés d'Excel 2023 pour une visualisation polyvalente

Excel 2023 propose une grande variété de styles de graphiques innovants en standard pour répondre à une grande variété d'exigences de présentation de données. Il existe plusieurs types de graphiques, tels que les graphiques en cascade, les graphiques de Pareto, les graphiques en rayon de soleil et les graphiques en histogramme, et chacun d'eux a une certaine function.

L'impact cumulatif de chaque nombre positif ou négatif ajouté pourrait être mieux compris à l'aide de graphiques en cascade. Ils sont particulièrement utiles pour afficher les effets séquentiels d'un certain nombre d'éléments différents, tels que les revenus ou les dépenses étape par étape qui contribuent au total final.

D'autre part, les diagrammes de Pareto sont un hybride qui combine des éléments d'un histogramme avec un graphique linéaire. La fréquence des occurrences est représentée dans le graphique par les colonnes, classées du plus souvent au moins fréquent, et la ligne indique le total cumulé. Cela peut être utile pour hiérarchiser les changements ou déterminer quels aspects d'un ensemble de données sont importants.

Les histogrammes donnent une représentation graphique de la distribution d'un ensemble de données, tandis que les diagrammes en rayon de soleil fournissent un affichage hiérarchique de vos données, ce qui facilite la comparaison de plusieurs niveaux de classification. Les sunburst charts permettent également de comparer différents niveaux de catégorisation.

Savoir quand utiliser chacun de ces types de graphiques avancés peut considérablement améliorer votre capacité à afficher des données complexes d'une manière compréhensible et utile. Ces types de graphiques ont chacun leurs propres avantages, et savoir quand utiliser chacun d'eux peut améliorer votre capacité à le faire.

Personnalisation de vos graphiques avec des fonctionnalités de personnalisation avancées

Excel 2023 dispose d'une grande variété de fonctionnalités de personnalisation innovantes, que vous pouvez utiliser pour vous assurer que vos graphiques sont une représentation idéale de vos données. Parmi eux figurent les capacités de personnalisation des attributs des axes et des lignes de grille, l'ajout de lignes de tendance et la mise en œuvre d'étiquettes dynamiques, entre autres alternatives.

En personnalisant les attributs des axes, vous aurez la possibilité de modifier la taille et l'apparence des axes de votre graphique, en vous assurant qu'ils sont conformes aux spécifications de vos données. Pour un graphique qui représente un développement exponentiel, par exemple, vous devrez peut-être utiliser une échelle logarithmique.

Les lignes de tendance sont un autre élément utile du graphique. Excel est capable d'exprimer graphiquement des modèles dans vos données en vous permettant de tracer une ligne sur vos points de données. Cela aide non seulement votre public à saisir la direction générale des données, mais simplifie également la réalisation de prévisions.

Lorsque vous travaillez avec des quantités importantes de données, les étiquettes dynamiques sont très pratiques. Ils modifieront automatiquement leur contenu en fonction des changements dans les données, garantissant que votre graphique continuera d'être précis et utile même si les données sur lesquelles il est basé sont susceptibles de changer.

Tirer parti des outils d'analyse de données d'Excel 2023 pour améliorer vos graphiques

Excel 2023 n'est pas seulement un logiciel pour créer des feuilles de calcul, mais c'est aussi un outil très sophistiqué pour l'analyse des données. Vous pouvez améliorer vos graphiques et donner plus de contexte à vos téléspectateurs en utilisant ses outils d'analyse de données et en les utilisant à votre avantage.

Par exemple, les outils d'analyse "What-If" fournis par Excel vous permettent de tester une variété de scénarios et d'en voir les effets sans avoir à modifier vos données réelles. Vos graphiques peuvent ensuite être mis à jour pour refléter les résultats de ces nombreuses situations, offrant une illustration visuelle des différents résultats possibles.

Les outils Solver et Goal Seek inclus dans Excel peuvent également être utiles lors de la création de graphiques. Ces outils sont destinés à localiser les solutions les plus efficaces à des problèmes complexes, et les résultats de leur utilisation peuvent être affichés dans les tableaux que vous donnez, vous donnant un résumé des nombreuses réponses ou résultats possibles.

Exploiter la puissance des graphiques croisés dynamiques pour l'exploration interactive des données

Les graphiques croisés dynamiques fournissent un moyen dynamique et interactif d'étudier les données dont vous disposez. Ils sont connectés à des tableaux croisés dynamiques et vous offrent la possibilité de générer une représentation graphique des données contenues dans vos tableaux croisés dynamiques. Lorsque vous apportez des modifications au tableau croisé dynamique, le graphique se rafraîchit immédiatement, vous permettant de mener une enquête interactive sur l'ensemble de données.

L'adaptabilité des graphiques croisés dynamiques est l'une de ses forces les plus notables. Vous pouvez ajuster rapidement la manière dont les données sont représentées dans le graphique en faisant simplement glisser et en déposant des champs dans le tableau croisé dynamique qui y est connecté. Cela peut être particulièrement utile lorsque vous travaillez avec d'énormes ensembles de données, car cela vous permet de creuser dans certains sous-ensembles de données sans nécessiter la création de plusieurs graphiques.

Les graphiques croisés dynamiques , en outre, offrent un certain nombre de possibilités de personnalisation plus étendues. Vous pouvez augmenter la lisibilité et l'attrait esthétique en ajustant différents composants de graphique et en ajoutant des segments, ce qui simplifie considérablement le filtrage des données. Vous pouvez également incorporer des contrôles de chronologie, qui permettent l'analyse des données temporelles.

Maîtriser les graphiques à deux axes pour une représentation de données à multiples facettes

Excel 2023 permet la production de graphiques à deux axes, une fonctionnalité sophistiquée qui permet de tracer deux ensembles de données qui ont des tailles et des types distincts tout en partageant un axe des x similaire. Ces graphiques se retrouveront dans la prochaine version d'Excel. Lorsque vous comparez deux ensembles de données qui ont un lien direct mais qui utilisent des unités de mesure ou des échelles différentes, il s'agit d'un outil très utile.

Imaginez que vous vouliez montrer qu'il existe un lien entre le montant d'argent qu'une entreprise dépense en publicité et le montant d'argent qu'elle tire des ventes au cours d'une année. Les dépenses sont mesurées en milliers de dollars, mais les revenus sont mesurés en millions de dollars. Ces deux valeurs sont mesurées à l'aide d'unités et d'échelles distinctes. Un graphique à deux axes donne au lecteur une image visuelle du lien entre les deux variables, lui permettant de distinguer l'évolution des dépenses publicitaires et des revenus qui y correspondent.

Développer un graphique à deux axes nécessite d'abord de développer un graphique standard, suivi de l'ajout d'un axe secondaire et de l'adaptation du type de graphique d'une série de données pour répondre aux exigences de l'utilisateur. Afin de minimiser les malentendus, il est important de se rappeler d'utiliser différents styles de graphique ou des couleurs uniques pour chaque série de données. En conclusion, assurez-vous que votre graphique comporte une légende descriptive à tout moment afin qu'il puisse être facilement compris.

Optimisation des conceptions de graphiques avec SmartArt et zones de texte

Les fonctionnalités SmartArt et de zone de texte incluses dans Excel 2023 vous permettent de décorer vos graphiques, les rendant plus informatifs et intéressants. Vous pouvez créer des organigrammes, des diagrammes décrivant des processus ou des hiérarchies, et plus encore à l'aide de SmartArt, qui est une bibliothèque de diagrammes développés par des experts. Les zones de texte, en revanche, peuvent être placées directement à l'intérieur du graphique lui-même et utilisées pour offrir des explications ou des notes supplémentaires.

Par exemple, si vous créez un graphique qui nécessite une explication rapide de ses points de données, vous pouvez inclure une zone de texte à l'intérieur du graphique et y ajouter les faits essentiels. Cela permettra au tableau de répondre aux exigences. Cela élimine le besoin pour le lecteur de rechercher plus d'informations ailleurs afin de comprendre les données représentées.

De plus, si vous utilisez SmartArt pour créer vos graphiques, l'affichage de ces graphiques sera grandement amélioré. Par exemple, un diagramme de processus SmartArt peut être utilisé conjointement avec un graphique linéaire décrivant les performances des ventes d'une entreprise, dans le but d'illustrer les différentes étapes du processus de vente et leur lien avec les données de vente. Lors de la création de votre graphique à l'aide de SmartArt et de zones de texte, il est important d'utiliser des styles et des couleurs qui correspondent au concept global du graphique pour s'assurer qu'il a une apparence soignée et unifiée.

Amélioration de l'accessibilité des graphiques avec le texte alternatif et les astuces d'écran

L'accessibilité est un aspect important pris en compte par Excel 2023, c'est pourquoi il propose des fonctionnalités telles que "Texte alternatif" et "Conseils d'écran". Le texte alternatif est une description que vous pouvez ajouter à vos graphiques pour aider les utilisateurs malvoyants à comprendre le contenu. Les astuces d'écran sont une autre option offerte par Excel 2023. Un logiciel de lecture d'écran fera une lecture vocale de ce texte pour les utilisateurs, permettant à chacun de comprendre les données affichées dans votre panier (Parker, 2023).

Les info-bulles se produisent de la même manière chaque fois qu'un utilisateur survole un graphique ou un élément du graphique et qu'elles fournissent plus d'informations ou de contexte. Par exemple, vous pouvez ajouter une info-bulle à un graphique compliqué afin de fournir une explication de ce que le graphique représente ou de la signification de certains points de données.

Lors de la création du texte alternatif d'un graphique, assurez-vous d'inclure toutes les informations essentielles communiquées par le graphique. Néanmoins, assurez-vous de garder l'explication brève car des descriptions détaillées peuvent parfois conduire à plus de confusion qu'elles ne peuvent en résoudre.

Les astuces d'écran, d'autre part, doivent être utilisées pour donner des informations supplémentaires qui aident l'utilisateur à connaître le graphique qu'il voit. Les astuces d'écran ne sont pas destinées à servir d'explications approfondies, mais plutôt de pointeurs brefs et utiles, veillez donc à ne pas y inclure une quantité excessive d'informations.

Vous pouvez garantir que vos graphiques sont non seulement esthétiquement beaux et utiles en utilisant stratégiquement ces aspects, mais vous pouvez également les rendre accessibles à un public plus large grâce à vos efforts."

Chapitre 6

Techniques intuitives de création de feuilles de calcul

"Excel 2023 ne peut être utilisé à son plein potentiel que si l'utilisateur est capable de créer des feuilles de calcul faciles à comprendre et à utiliser. Cela a une influence non seulement sur l'expérience de l'utilisateur, mais également sur l'utilité de la feuille de calcul elle-même. Non seulement la construction de feuilles de calcul intuitives peut accélérer votre propre travail, mais cela peut également être d'une importance cruciale lorsque vous partagez ce travail avec d'autres.

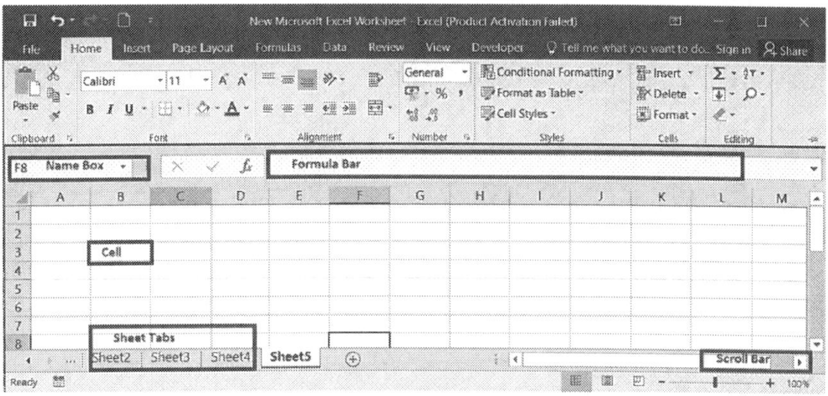

Image 6.1: Une feuille de calcul simple expliquée

Excel 2023 est un outil puissant qui peut être utilisé pour l'analyse des données ainsi que leur affichage. Cependant, son utilité dépend de la capacité de l'utilisateur à développer des feuilles de calcul sans ambiguïté et simples à comprendre. Une feuille de calcul mal conçue peut être difficile à parcourir et à comprendre, ce qui peut entraver la capacité d'un utilisateur à tirer parti des données présentées. En revanche, l'utilisation d'un tableur intuitif facilite l'interprétation des données car elle permet aux utilisateurs de saisir instantanément la signification des données ainsi que leurs modèles et tendances.

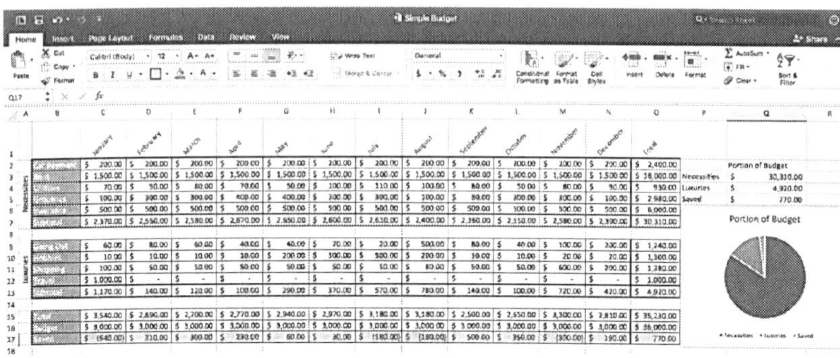

Image 6.2: Tableau de calcul créé avec l'information de l'utilisateur

La conception de feuilles de calcul intuitives dans Excel est plus qu'une simple forme d'art ; c'est aussi une méthode de communication. Il est nécessaire de convertir des faits compliqués en une manière facilement compréhensible et consommable qui peut être comprise par n'importe quel public. Les feuilles de calcul faciles à utiliser sont capables de combler le fossé entre les données brutes et les informations utiles. Cela est vrai que le public soit composé d'un groupe de scientifiques des données ou d'utilisateurs novices.

De plus, il est essentiel de garder à l'esprit que le développement de tableurs conviviaux peut augmenter considérablement son niveau de productivité. Une feuille de calcul intuitive permet aux utilisateurs d'accéder, d'analyser et d'appliquer rapidement les données, minimisant ainsi le temps consacré à l'interprétation des données et augmentant le temps disponible pour la prise de décision et l'action. Plutôt que de passer des heures à essayer de décoder des ensembles de données compliqués et difficiles, les utilisateurs peuvent utiliser une feuille de calcul intuitive.

Des feuilles de calcul faciles à utiliser sont un élément essentiel d'une coopération efficace pour les groupes travaillant sur des projets communs. Les membres d'une équipe sont en mesure de faire leur travail plus efficacement lorsque les feuilles de calcul qu'ils utilisent sont simples et simples à comprendre. Cela élimine le besoin d'explications interminables ou d'une formation intensive. Cette communication transparente a le potentiel de cultiver une atmosphère de travail plus productive et garantit que tout le monde est, à la fois physiquement et métaphoriquement, sur la même longueur d'onde.

Les feuilles de calcul Excel faciles à utiliser peuvent augmenter la productivité personnelle d'une personne même lorsqu'elle travaille seule. La rationalisation des procédures que vous utilisez pour gérer vos données, telles que la mise à jour, la révision et la collecte d'informations à partir des informations que vous avez collectées, peut être accomplie en développant des feuilles de calcul simples à parcourir. Traiter des feuilles de calcul compliquées et difficiles à comprendre peut augmenter la probabilité de faire des erreurs ; le faire de cette manière permet non seulement de gagner du temps, mais également de réduire ce danger.

Les feuilles de calcul Excel faciles à utiliser peuvent constituer un outil inestimable pour garantir l'exactitude des données. Il est beaucoup moins probable que quelqu'un interprète mal les données ou fasse des erreurs en les saisissant si les colonnes sont correctement étiquetées, les données sont bien structurées et la mise en page est logique. Cela peut éventuellement aboutir à des résultats plus fiables, ainsi qu'à des analyses plus précises, à une prise de décision éclairée et à d'autres avantages.

Enfin, les personnes qui découvrent Excel peuvent trouver que des feuilles de calcul simples simplifient le processus d'apprentissage. Les débutants auront beaucoup plus de facilité à saisir les capacités d'Excel si les données qu'ils traitent peuvent être simplement comprises par eux. Cela leur évitera d'être submergés par des ensembles de données difficiles à comprendre.

En général, l'un des aspects les plus importants d'une utilisation efficace d'Excel est la conception de feuilles de calcul intuitives. L'expérience utilisateur peut être considérablement améliorée, tout comme l'utilité d'Excel 2023 si des feuilles de calcul intuitives sont utilisées. Cela peut être accompli en favorisant une compréhension plus claire; augmenter la productivité; renforcer la coopération; garantir l'intégrité des données ; et permettant l'apprentissage."

"Conseils et techniques pour créer des feuilles de calcul bien organisées et intuitives

Établir une structure de feuille de calcul efficace

Une structure qui a été soigneusement étudiée est la base d'une feuille de calcul intuitive. Une structure bien planifiée, conforme à l'objectif des données et aux exigences de l'utilisateur est essentielle à la conception réussie d'un tableur, tout comme un bâtiment robuste dépend d'une fondation solide comme le roc.

Il est possible de gagner beaucoup de temps et de travail sur le long terme en commençant par la création d'une mise en page à la fois logique et cohérente. La première étape consiste à organiser stratégiquement vos données en lignes et en colonnes. En général, chaque colonne doit représenter un certain type de données (par exemple, des dates ou des chiffres de vente), et chaque ligne doit représenter un enregistrement ou une unité distincte (par exemple, une seule date ou une vente).

La clarté et la compréhension de l'utilisateur peuvent être améliorées en combinant des ensembles de données pertinents les uns pour les autres. Par exemple, si vous gérez des données de ventes, vous pouvez organiser les colonnes de manière à ce qu'elles soient regroupées en fonction des statistiques de ventes (telles que le prix unitaire, la quantité vendue et le montant total des ventes), puis vous pouvez organiser les colonnes de manière à ce qu'ils soient regroupés en fonction du client (comme le nom du client et les coordonnées).

Afin d'avoir une structure de feuille de calcul efficace, vous devez également accorder une attention particulière à l'emplacement des données critiques. L'accessibilité et la simplicité d'utilisation du tableur peuvent être améliorées en déplaçant les données les plus significatives ou les plus utilisées en haut et à gauche du tableur.

Utilisation d'un formatage de données clair et cohérent

Excel 2023 propose une grande variété de choix de formatage, chacun ayant le potentiel d'améliorer considérablement l'intuitivité de votre feuille de calcul. Non seulement votre feuille de calcul sera visuellement plus attrayante si vous formatez les données de manière cohérente et logique, mais il sera également plus facile de comprendre et d'évaluer les données.

Le format d'une cellule peut transmettre des informations vitales sur les données qu'elle contient. Par exemple, les cellules contenant des espèces peuvent être formatées pour afficher un signe dollar, les cellules contenant des dates peuvent être formatées dans un format de date conventionnel (tel que MM/JJ/AAAA) et les cellules contenant des pourcentages peuvent être stylisées pour afficher un signe de pourcentage. Toutes ces options de formatage sont disponibles dans Microsoft Excel.

Excel 2023 a une autre fonction utile et puissante appelée mise en forme conditionnelle. Vous pouvez établir des règles de formatage particulières pour des cellules individuelles en fonction du contenu de ces cellules, grâce à cette fonctionnalité. Vous pouvez, par exemple, utiliser la mise en forme conditionnelle pour mettre en évidence les ventes qui dépassent un seuil donné, ou vous pouvez attribuer un code couleur aux cellules en fonction de leurs valeurs, donnant ainsi des signaux visuels qui peuvent immédiatement exprimer des informations importantes sur les données. Ces deux techniques sont des exemples de la façon dont vous pouvez utiliser la mise en forme conditionnelle.

Implémentation d'en-têtes et d'étiquettes informatifs

La création d'une feuille de calcul facile à comprendre repose en grande partie sur l'utilisation d'en-têtes et d'étiquettes à la fois clairs et informatifs. Les étiquettes peuvent donner un contexte ou des détails supplémentaires sur des cellules individuelles ou des points de données, mais les en-têtes doivent clairement identifier les informations incluses dans chaque colonne. Les en-têtes doivent également indiquer clairement les informations contenues dans chaque colonne.

Un utilisateur doit pouvoir se faire une idée des informations contenues dans chaque colonne simplement en regardant son en-tête, qui doit être bref mais suffisamment informatif. Si vous avez besoin de gérer des en-têtes plus longs sans augmenter la largeur de la colonne, vous pouvez utiliser l'option "Envelopper le texte" pour le faire.

Envisagez d'inclure des étiquettes ou des explications pour tous les calculs ou formules complexes dans votre feuille de calcul en plus des en-têtes de colonne. Lorsque la feuille de calcul est utilisée par d'autres personnes qui ne connaissent peut-être pas ces calculs, il est très utile d'avoir cette fonctionnalité, car elle peut économiser beaucoup de temps et de confusion.

Utilisation de la validation des données et des menus déroulants d'Excel 2023

La fonction de validation des données incluse dans Excel 2023 est un instrument puissant pour garantir l'intégrité et la cohérence de vos données, ce qui contribue à rendre votre feuille de calcul plus conviviale. Vous pouvez réduire la probabilité d'erreurs ou d'incohérences dans vos données en utilisant la validation des données, qui vous permet de spécifier des règles particulières pour les données pouvant être placées dans une colonne.

Par exemple, si un champ est censé contenir une date, vous pouvez utiliser la validation des données pour vérifier que seules les dates légitimes peuvent être placées dans cette cellule. Cela empêcherait les utilisateurs de saisir accidentellement des informations erronées. Alternativement, si une cellule ne doit inclure que certains choix, vous pouvez utiliser la validation des données pour créer un menu déroulant à l'intérieur de la cellule. Cela limitera l'utilisateur à choisir parmi ces options et garantira la cohérence des données.

Exploiter la puissance des tableaux croisés dynamiques pour la synthèse des données

Lorsqu'il s'agit de résumer et d'analyser facilement d'énormes ensembles de données, l'outil PivotTables disponible dans Excel 2023 est un ajout utile. Ces tableaux dynamiques fournissent une vue récapitulative en fonction de plusieurs caractéristiques que vous définissez, ce qui vous permet d'extraire la pertinence d'une grande quantité de données. Vous pouvez le faire en définissant les paramètres.

Par exemple, si vous disposez d'un énorme ensemble de données de vente contenant de nombreux facteurs tels que la date, le type de produit, le lieu et le vendeur, vous pouvez facilement résumer ces données à l'aide d'un tableau croisé dynamique. Vous pouvez générer un tableau croisé dynamique afin d'afficher les ventes globales ventilées par zone, les ventes moyennes ventilées par vendeur ou les tendances des ventes ventilées dans le temps. Ces résumés ont le potentiel de fournir une aide éclairée à la prise de décision et de donner un aperçu significatif des données.

Pour créer un tableau croisé dynamique, vous devez d'abord choisir la plage de données que vous souhaitez examiner, puis sélectionner les colonnes que vous souhaitez inclure dans le tableau croisé dynamique, puis spécifier comment vous souhaitez que les données soient résumées (par exemple, par somme, moyenne ou comptage). De plus, vous avez la possibilité d'ajouter des filtres dans votre tableau croisé dynamique afin de restreindre davantage les données.

Gardez à l'esprit que vos tableaux croisés dynamiques doivent toujours avoir des étiquettes claires et que vous devez également donner une brève explication de ce que le tableau affiche. Lorsque les gens rencontrent le tableau croisé dynamique dans votre feuille de calcul, cela leur permettra de comprendre plus facilement ce qu'ils regardent.

Tirer parti du formatage conditionnel pour la visualisation des données

La mise en forme conditionnelle d'Excel 2023 est une fonctionnalité qui vous permet de modifier le format des cellules en fonction du contenu de ces cellules. En conséquence, vos feuilles de calcul seront plus faciles à comprendre et plus esthétiques. Lors de l'analyse d'un vaste ensemble de données, cela peut être très utile pour détecter rapidement des modèles, des valeurs aberrantes ou des valeurs spécifiques dans les données.

En utilisant la mise en forme conditionnelle, par exemple, vous pouvez coder en couleur une liste de statistiques de vente comme suit : vert pour les ventes supérieures à un seuil spécifique, jaune pour les ventes moyennes et rouge pour les ventes inférieures à un point donné. Cette représentation graphique peut exprimer instantanément l'état actuel des ventes, ce qui permet aux consommateurs de faire facilement la distinction entre ceux qui sont très performants et ceux qui sont peu performants.

Vous pouvez également utiliser la mise en forme conditionnelle pour mettre en évidence les doublons, ce qui peut être particulièrement avantageux dans les grands ensembles de données où il pourrait autrement être difficile de trouver des éléments en double. Si vous souhaitez mettre en évidence les doublons, vous pouvez utiliser la mise en forme conditionnelle. De plus, la mise en forme conditionnelle peut être utilisée pour générer des barres de données, des échelles de couleurs ou des jeux d'icônes, chacun offrant une technique unique pour représenter graphiquement vos données. Cela peut être fait dans Excel ou un autre tableur.

Lorsque vous travaillez avec une mise en forme conditionnelle, il est crucial de se rappeler que certaines personnes sont daltoniennes et de vérifier que les couleurs que vous avez sélectionnées peuvent être distinguées par tous les utilisateurs. Excel 2023 prend en charge les palettes de couleurs accessibles aux personnes daltoniennes, ce qui vous permet de rendre vos feuilles de calcul plus conviviales.

Maintenir la clarté avec une bonne hygiène des feuilles de calcul

Le maintien de feuilles de calcul propres est un élément essentiel du développement de feuilles de calcul intuitives. Cela implique de faire des audits et des nettoyages fréquents de votre feuille de calcul afin de maintenir son efficacité et de vérifier qu'elle contient les informations correctes.

Il est important d'effectuer des révisions régulières afin de détecter tout défaut ou anomalie qui aurait pu se produire. Cela peut impliquer de rechercher des entrées de données erronées ou incohérentes, de vérifier que les calculs s'exécutent correctement et de confirmer que le formatage n'a pas changé.

Pour nettoyer votre feuille de calcul, vous devrez peut-être supprimer toutes les données inutiles ou obsolètes, corriger les erreurs qui ont été commises et mettre à jour tout formatage applicable. Au fur et à mesure que vous ajoutez de nouvelles données à votre feuille de calcul au fil du temps, vous constaterez peut-être qu'il est essentiel de la restructurer ou de la réorganiser afin de conserver intacte la nature intuitive de la feuille de calcul.

Vous devez également vous efforcer de conserver la plus petite taille de fichier possible pour votre feuille de calcul. Excel peut devenir plus difficile à naviguer s'il y a trop de lignes ou de colonnes vides, et il s'exécutera également plus lentement. Si vous utilisez la fonction "Supprimer les doublons", il vous sera plus facile de vous débarrasser de toutes les données en double et de maintenir votre feuille de calcul organisée et facile à lire.

En conclusion, n'oubliez pas de sauvegarder régulièrement votre feuille de calcul. Excel 2023 vous offre un certain nombre d'options de sauvegarde parmi lesquelles choisir, y compris des choix d'enregistrement automatique et de récupération automatique. Cela a le potentiel d'éviter la perte de données et de garantir que votre travail acharné n'est pas vain."

"Formater, structurer et organiser les données pour une lisibilité et une convivialité optimales

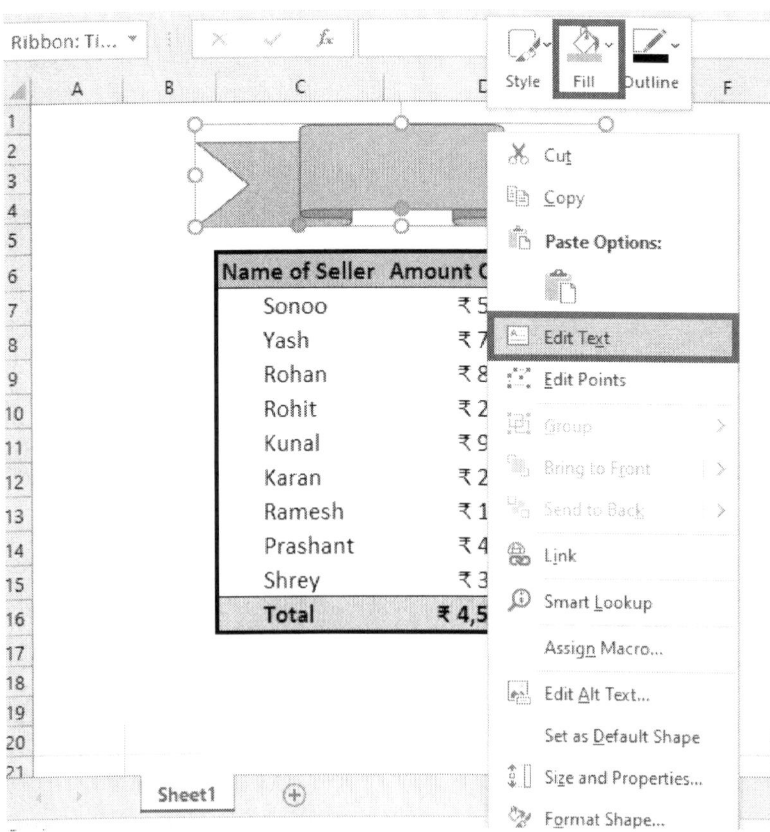

Image 6.3: Formatage des données dans Excel

Concevoir des mises en page de feuilles de calcul efficaces

Un ensemble de données bien organisé et facilement compréhensible commence par une feuille de calcul dont la mise en page est aussi efficace que possible. Il est possible d'améliorer considérablement la convivialité et la lisibilité de votre feuille de calcul en utilisant une organisation méthodique de vos données en conjonction avec des étiquettes non ambiguës et cohérentes.

La création d'une structure complète dans Excel 2023 commence par décrire l'architecture essentielle de vos données. C'est la première étape du processus. Idéalement, chaque colonne doit être utilisée pour représenter une catégorie d'informations distincte, telle que le nom d'un client ou la date d'une transaction, et chaque ligne doit être utilisée pour représenter un enregistrement unique pertinent pour les catégories spécifiées. par vos colonnes. Il est important de regrouper les données pertinentes dans des colonnes voisines afin que les références croisées puissent être effectuées rapidement et facilement.

Déterminer le meilleur endroit pour stocker les informations essentielles est un élément essentiel du développement d'une conception de mise en page efficace. Les champs de données importants que vous utilisez régulièrement ou auxquels vous avez besoin d'un accès rapide doivent de préférence être placés en haut ou à gauche de votre feuille de calcul, ce qui les rend immédiatement visibles et accessibles à chaque ouverture du fichier. Cela garantira qu'ils sont placés dans le meilleur emplacement possible. Cette disposition proactive des informations a le potentiel d'augmenter considérablement la convivialité de votre feuille de calcul, rendant ainsi la navigation simple et sans effort.

L'art du formatage des données

Excel 2023 propose une variété de choix de mise en forme, chacun pouvant améliorer considérablement la lisibilité et l'utilité de votre feuille de calcul. Non seulement le formatage correct et cohérent des données rend votre feuille de calcul plus attrayante à l'œil, mais il aide également à la compréhension et à l'interprétation claires des données.

Le format de chaque cellule doit être déterminé par le type de données qu'elle contient. Si une cellule comprend une date, par exemple, elle doit être formatée en utilisant le format de date normal. D'autre part, si la cellule contient un montant en dollars, elle doit être formatée pour afficher le signe dollar. Les utilisateurs ont la possibilité de saisir et d'évaluer immédiatement les informations affichées grâce à la mise en forme cohérente qui indique la nature du matériel.

La mise en forme conditionnelle d'Excel 2023 est une autre fonction utile qui permet aux utilisateurs de modifier l'apparence des cellules en fonction des données contenues dans ces cellules, améliorant ainsi le processus de visualisation des données. Cet outil utile vous donne la possibilité de créer des règles pour le formatage des cellules, telles que le codage couleur des cellules en fonction de leurs valeurs. Ces règles fournissent des signaux visuels qui peuvent rapidement transmettre des informations cruciales sur les données à l'utilisateur.

Exploiter la puissance des en-têtes et des étiquettes

Lorsqu'il s'agit d'améliorer la lisibilité et l'utilité de votre feuille de calcul, les en-têtes et les étiquettes sont des composants indispensables à inclure. Ils aident les consommateurs à saisir immédiatement les informations contenues dans chaque cellule et à fournir un contexte pour les données affichées.

Chaque en-tête de colonne doit contenir une description claire des données contenues dans la colonne, écrite dans un langage à la fois succinct et détaillé. Vous pouvez préserver la structure générale de votre feuille de calcul ainsi que sa lisibilité en tirant parti de la fonction "Wrap Text" disponible dans Excel 2023. Cette fonctionnalité vous permet d'accepter des en-têtes plus longs sans augmenter considérablement la largeur de la colonne.

Envisagez d'utiliser des étiquettes ou des annotations en plus des en-têtes de colonne afin de donner plus d'explications pour des calculs compliqués ou un contexte supplémentaire pour des points de données spécifiques. Ceci est particulièrement avantageux dans les situations où la feuille de calcul sera utilisée par d'autres utilisateurs qui peuvent ou non être familiarisés avec les données ou les calculs utilisés.

Explorer la validation des données et les menus déroulants

Excel 2023 dispose d'un nouvel outil sophistiqué appelé outil de validation des données. Cette fonctionnalité améliore la qualité et la cohérence de la saisie des données. L'établissement de lignes directrices sur les types de données autorisés à être soumis dans une cellule est possible avec la validation des données. Vous pouvez réduire la probabilité d'erreurs ou d'incohérences dans votre ensemble de données si vous limitez la quantité de données soumises.

Vous pouvez, par exemple, configurer la validation des données pour une cellule de sorte qu'elle n'accepte que les entrées correspondant à un certain code de produit à partir d'une liste de codes qui ont été prédéfinis. Cela entraînerait la création d'une liste déroulante à l'intérieur de la cellule. Cela limiterait l'utilisateur à choisir un seul des codes de produit actuellement accessibles, ce qui garantirait à la fois la cohérence et réduirait la probabilité d'erreurs de saisie de données."

"Astuces et raccourcis permettant de gagner du temps pour améliorer la productivité

Utilisation de la barre d'outils d'accès rapide d'Excel 2023

L'utilisation de la barre d'outils d'accès rapide lorsque vous travaillez avec Excel 2023 est une approche pour augmenter l'efficacité tout en travaillant avec le programme. Cette barre d'outils, qui se trouve tout en haut de la fenêtre Excel, vous permet de garder les commandes que vous utilisez le plus à portée d'un seul clic, vous évitant d'avoir à parcourir plusieurs menus ou onglets différents.

Cette barre d'outils peut être personnalisée pour répondre exactement à vos besoins si vous le souhaitez. Si vous utilisez assez souvent les commandes 'Format Painter' ou 'Freeze Panes', par exemple, les ajouter à votre barre d'outils d'accès rapide peut réduire considérablement le temps que vous passez à utiliser ces fonctions. Dans le même ordre d'idées, si vous traitez souvent des graphiques, vous pouvez ajouter des commandes relatives aux graphiques à la barre d'outils que vous utilisez. Vous serez en mesure de développer un flux de travail plus rationalisé et personnalisé si vous vous facilitez l'accès aux commandes que vous utilisez le plus souvent.

De plus, la barre d'outils d'accès rapide ne se limite pas à l'utilisation des commandes par défaut incluses avec Excel 2023. Il est également possible d'ajouter vos propres macros personnalisées à cette barre d'outils, la transformant en un instrument encore plus efficace pour augmenter votre productivité globale. .

Maîtriser les raccourcis clavier dans Excel 2023

Dans Excel 2023, l'utilisation de raccourcis sur le clavier est l'un des moyens les plus efficaces de réduire le temps perdu et d'augmenter la productivité globale. Vous n'aurez pas besoin d'utiliser votre souris pour effectuer une variété de tâches et naviguer dans vos feuilles de calcul puisqu'elles sont à votre disposition. Lorsqu'ils sont parfaitement maîtrisés, ces raccourcis ont le potentiel d'augmenter considérablement la productivité.

Excel fournit des raccourcis clavier pour presque toutes les activités du programme. Par exemple, vous pouvez copier une cellule en appuyant sur Ctrl + C, la coller en appuyant sur Ctrl + V ou annuler une opération en utilisant Ctrl + Z. Il existe également des raccourcis clavier plus compliqués, tels que Ctrl + Maj + Flèche, pour sélectionner une plage de cellules ou Alt + = pour additionner automatiquement une plage de cellules choisies. Ces deux raccourcis se trouvent dans le menu Edition.

Il est important que vous vous familiarisiez avec les raccourcis les plus pertinents pour le travail que vous faites afin de les utiliser le plus efficacement possible. L'utilisation régulière de ces raccourcis peut vous aider à mieux les utiliser, ce qui peut à son tour augmenter votre vitesse et votre efficacité.

Implémentation de macros pour automatiser les tâches répétitives

Excel 2023 dispose d'un outil puissant appelé macros qui peut réduire considérablement le temps passé sur des activités répétitives. Un ensemble d'instructions qu'Excel peut exécuter automatiquement de lui-même est appelé macro. Si vous vous retrouvez à refaire le même ensemble d'activités, comme formater des cellules d'une certaine manière ou créer le même type de rapport, vous pouvez développer une macro pour automatiser ces opérations afin que vous n'ayez pas à les faire manuellement.

L'enregistrement des étapes que vous souhaitez exécuter automatiquement, puis l'association de la macro enregistrée à un bouton ou à un raccourci clavier sont nécessaires pour créer une macro dans Excel. Une fois que tout est configuré, il vous suffira d'un clic ou d'une frappe pour effectuer ces opérations plutôt que de devoir parcourir chaque étape manuellement.

L'enregistreur de macros d'Excel est un outil facile à utiliser qui vous permet d'automatiser vos tâches sans avoir à écrire de code. Même si vous n'avez pas d'expérience en programmation ou en VBA, qui est le langage utilisé pour créer des macros dans Excel, vous pouvez toujours utiliser cet outil.

Utilisation des outils d'analyse de données intégrés d'Excel

Excel 2023 est livré préchargé avec une large sélection d'outils d'analyse de données intégrés au programme et susceptibles de vous faire gagner un temps considérable. Des outils tels que les tableaux croisés dynamiques et les graphiques croisés dynamiques , par exemple, permettent d'examiner et de résumer de vastes ensembles de données en peu de temps. Dans le même ordre d'idées, les outils "What-If Analysis" peuvent vous aider à gagner du temps lors de la réalisation de divers scénarios ou de prévisions en fonction des données que vous fournissez (Brown, 2022).

Se familiariser avec ces outils et savoir quand les utiliser peut augmenter considérablement votre productivité globale. Vous pouvez gagner beaucoup de temps en utilisant ces outils pour exécuter les mêmes choses que vous auriez faites manuellement, telles que le calcul de résumés ou de prédictions. De plus, du fait que ces outils font partie intégrante d'Excel, ils s'intègrent parfaitement à vos données, ce qui rend le processus d'analyse des données beaucoup plus simple et plus efficace."

Chapitre 7

Éviter les erreurs courantes dans Excel

"Excel est un outil utile, mais il est important de vous familiariser avec ses bizarreries et ses pièges afin de pouvoir l'utiliser efficacement. L'un de ses aspects les plus remarquables est son rôle dans la garantie de la précision des données. Excel est un programme utilisé à diverses fins, dont les plus importantes sont l'analyse, le calcul et la visualisation de données. Dans certains cas, Excel est même utilisé pour la prise de décision. Toute erreur ou incohérence dans les données ou les calculs peut avoir une influence substantielle sur les résultats, ce qui peut alors avoir un effet d'entraînement sur les choix qui sont faits sur la base de ces résultats.

Common Excel Errors		
#N/A	#VALUE!	#NUM!
#NULL!	#DIV/0!	#REF!
#NAME	########	LOGIC?

Image 7.1: Erreurs courantes d'Excel expliquées

Lorsqu'il est appliqué aux paramètres de l'entreprise, l'importance de ce point devient beaucoup plus apparente. Lorsqu'il s'agit de faire des choix et d'élaborer des stratégies, les entreprises dépendent largement des données. Si une feuille de calcul contient des erreurs en raison d'erreurs typiques d'Excel, cela peut entraîner une mauvaise interprétation des données, ce qui peut entraîner des stratégies et des choix commerciaux erronés. Si une feuille de calcul contient des erreurs en raison d'erreurs courantes dans Excel, cela peut entraîner une interprétation inexacte des données. Par conséquent, comprendre comment contourner ces erreurs typiques est de la plus haute importance afin de garantir la fiabilité des données et la précision des jugements portés dans l'entreprise.

Les erreurs Excel peuvent également entraîner une perte de temps et de productivité. Lorsque des erreurs se produisent, qu'elles soient associées au processus de saisie des données, à l'application de formules ou à la structuration de la feuille de calcul, davantage d'efforts doivent être consacrés à la découverte et à la correction de ces problèmes. La productivité et l'efficacité pourraient en être durement touchées, en particulier dans les circonstances impliquant des feuilles de calcul volumineuses et compliquées.

L'effet que cela aura sur la transmission des données est encore un autre aspect essentiel. Excel est souvent utilisé dans le processus de présentation et de communication des résultats de données à d'autres personnes. Des inexactitudes dans la feuille de calcul pourraient entraîner la communication ou l'interprétation de données erronées, ce qui pourrait entraîner des malentendus ou des choix qui ne sont pas fondés sur des informations exactes.

Garder la confiance de l'utilisateur dans ses données ainsi que dans son utilisation d'Excel nécessite d'éviter les erreurs typiques d'Excel. Cela joue un rôle dans le maintien de cette confiance. Si les utilisateurs rencontrent souvent des problèmes, ils peuvent commencer à remettre en question leurs propres capacités ou la véracité des données qu'ils produisent, ce qui pourrait les décourager de tirer le meilleur parti de cet instrument efficace et de maximiser ses avantages potentiels.

Par conséquent, connaître et éviter les erreurs fréquentes dans Excel ne consiste pas seulement à développer des capacités techniques ; il s'agit essentiellement de renforcer l'exactitude des données, d'accroître l'efficacité, d'améliorer la communication des données et de cultiver la confiance des utilisateurs. Connaître et éviter les erreurs courantes dans Excel nécessite non seulement d'améliorer les compétences techniques, mais également de comprendre et d'éviter les erreurs courantes dans Excel. Pour cette raison, la question de la prévention des erreurs typiques dans Excel est très importante et il est recommandé d'y consacrer une attention et une pratique appropriées."

"Identifier et éviter les erreurs et les pièges courants commis par les professionnels

Reconnaître et prévenir les erreurs de formule dans Excel 2023

Les erreurs de formule sont l'une des formes d'erreurs les plus courantes pouvant survenir lors de l'utilisation d'Excel 2023 dans un cadre professionnel. Excel génère ces erreurs s'il est incapable d'exécuter efficacement une formule en raison de problèmes de syntaxe, de type de données ou de référencement du calcul. Les erreurs dans les formules sont simples à voir car elles provoquent presque toujours l'affichage d'un message d'erreur dans la cellule où l'erreur s'est produite, comme #NOM ?, #VALEUR !, #REF ! La liste continue.

Il peut être plus facile de trouver la cause d'un problème en comprenant la signification des messages d'erreur affichés. Par exemple, qu'en est-il du #NOM ? L'erreur indique qu'Excel ne reconnaît pas le nom de la formule ou le texte inclus dans la formule, alors que le #VALEUR ! Le symbole indique qu'Excel ne reconnaît pas la valeur. L'erreur indique que la formule contient des cellules dont les types de données ne sont pas compatibles les uns avec les autres.

Une fois la cause du problème déterminée, il est possible de prendre des mesures pour éviter qu'il ne se reproduise à l' avenir. Cela peut impliquer de vérifier que les données ont été saisies et formatées de manière appropriée, de revoir la syntaxe de la formule et de confirmer que les références de cellule sont exactes. Afin de préserver l'intégrité des données et d'assurer que les calculs sont effectués correctement, la prévention des erreurs de formule est de la plus haute importance.

Gérer et minimiser les erreurs de saisie de données

Un autre piège typique dans lequel Excel 2023 met les professionnels est la position d'avoir à faire face à des inexactitudes dans la saisie des données. Les erreurs typographiques, la saisie de données incohérentes et les données manquantes ne sont que quelques-unes des difficultés pouvant survenir à la suite de la saisie manuelle de données dans Excel. Généralement, ces erreurs se produisent lors de la saisie manuelle des données.

L'utilisation de solutions efficaces de gestion des données peut aider à réduire le nombre d'erreurs qui se produisent lors de la saisie des données. Le processus de double vérification des entrées de données, l'utilisation de critères de validation des données pour régir le type de données ou de valeurs qui peuvent être saisies dans les cellules et le maintien de normes de saisie de données cohérentes sont tous des exemples de bonnes pratiques de saisie de données.

Même si certaines erreurs dans la saisie des données peuvent sembler sans importance à première vue, elles peuvent rapidement s'additionner et compromettre la fiabilité de vos recherches ou de vos calculs si elles ne sont pas contrôlées. Par conséquent, si vous souhaitez que vos feuilles de calcul restent exactes, il est très nécessaire de détecter et d'éviter les erreurs qui se produisent lors de la saisie des données.

Garantir l'utilisation correcte des références de cellule dans les formules

Une référence de cellule incorrecte est l'un des types d'erreurs les plus courants pouvant survenir lors de l'utilisation d'Excel dans un cadre professionnel. Lorsque des formules sont créées qui dépendent des informations contenues dans certaines cellules, il est possible que cette erreur se produise. Dans Excel, il existe trois principaux types de références de cellules : relatives, absolues et mixtes. Lorsqu'elles sont copiées dans d'autres cellules, chacune de ces références fonctionne différemment des autres. Des résultats inexacts peuvent se produire si le comportement de ces références de cellule est mal compris.

L'une des erreurs les plus courantes que les gens commettent est d'utiliser des références relatives alors qu'ils devraient utiliser des références absolues ou mixtes et vice versa. Ces erreurs peuvent être évitées en acquérant d'abord une compréhension du comportement des différents types de références de cellules, puis en apprenant quand utiliser chaque type.

Comprendre les limites des fonctions Excel

Excel 2023 dispose d'une grande variété de fonctionnalités sophistiquées, mais pour éviter de commettre des erreurs, il est essentiel de comprendre les contraintes imposées par ces opérations. Chaque fonction a son propre ensemble unique de critères pour les entrées qu'elle accepte ; si ces conditions ne sont pas remplies, la fonction produira une erreur.

Par exemple, si vous utilisez du texte dans une fonction mathématique telle que SOMME ou MOYENNE, vous obtiendrez un message d'erreur indiquant #VALEUR ! Erreur. Dans le même ordre d'idées, l'utilisation d'un type ou d'un nombre d'arguments incorrects peut entraîner un #VALUE ! Erreur. ou #NUM ! Erreur.

Comprendre ces limites et s'assurer que les types d'arguments appropriés sont utilisés peut aider à prévenir l'apparition d'erreurs de ce type. En outre, tirer parti de la boîte de dialogue des arguments de fonction d'Excel peut être une méthode efficace pour garantir que les fonctions sont utilisées de manière appropriée.

Éviter les erreurs dans la visualisation des données

Les utilisateurs d'Excel qui travaillent professionnellement sont souvent confrontés au défi de visualiser les données à l'aide de tableaux et de graphiques. Lors de la construction de ces représentations, cependant, il n'est pas rare qu'il y ait une marge d'erreur, ce qui peut entraîner une distorsion ou une représentation erronée des données.

Choisir le type de graphique incorrect pour les données est une erreur typique que les gens commettent. Chaque type de graphique a son propre ensemble d'avantages, et ils sont tous plus efficaces lorsqu'ils sont utilisés pour illustrer certains types d'informations. Si vous choisissez le mauvais type de graphique, il sera plus difficile de saisir les données et peut même fournir des visuels trompeurs.

Un autre problème ,qui se produit souvent est l'étiquetage incorrect du graphique. Cela inclut les titres, les étiquettes ou les légendes manquants ou incorrects, ce qui peut perturber le spectateur ou fournir une représentation erronée des données."

"Meilleures pratiques pour la saisie des données, l'utilisation des formules et la gestion des fichiers

Meilleures pratiques pour une saisie de données efficace et sans erreur dans Excel 2023

La première chose que vous devez faire pour éviter de commettre certaines des erreurs les plus courantes dans Excel 2023 est de vous assurer que les données sont saisies aussi précisément et rapidement que possible. Cela commence par l'adhésion à une approche standardisée du processus de saisie des données. Il est utile de minimiser les différences qui peuvent conduire à la confusion et aux erreurs à l'avenir en étant cohérent lors de la saisie des données, par exemple en utilisant toujours le même format pour la date.

De plus, Excel 2023 offre un certain nombre de fonctionnalités conçues pour faciliter le processus de saisie des données. Ces fonctionnalités incluent AutoFill, qui complète intelligemment la saisie de données pour vous en fonction des modèles qu'il identifie dans vos données, et Flash Fill, qui remplit instantanément les cellules en fonction des modèles de vos données. Il est essentiel de tirer pleinement parti de ces capacités afin de maximiser la productivité et de réduire le nombre d'erreurs commises.

Une autre stratégie pour minimiser le risque de faire des erreurs consiste à mettre en œuvre des critères de validation des données. À l'aide de l'outil de validation des données d'Excel, vous pouvez définir des règles qui restreignent le type de données pouvant être saisies dans une colonne. Par exemple, vous pouvez limiter l'entrée à des plages numériques spécifiées ou exiger l'utilisation de formats de date spécifiques. En établissant ces lignes directrices, vous pouvez éliminer un nombre important d'erreurs de saisie de données les plus courantes avant qu'elles ne se produisent.

Garantir l'utilisation correcte des formules dans Excel 2023

Les formules d'Excel sont la pierre angulaire du programme, mais leur utilisation peut être difficile et source d'erreurs. Une formule doit toujours commencer par un signe égal (=), des parenthèses doivent être utilisées pour régir l'ordre dans lequel les opérations sont effectuées et les références de cellule doivent être soigneusement vérifiées. Voici quelques-unes des meilleures pratiques d'utilisation des formules.

Lorsque vous le pouvez, utilisez les fonctionnalités préinstallées avec Excel. Excel est équipé de centaines de fonctions prédéfinies qui peuvent être utilisées pour exécuter un large éventail de tâches, de l'arithmétique de base à l'analyse statistique approfondie. Si vous utilisez ces fonctions dans vos calculs, vous pouvez garantir que les résultats que vous obtiendrez seront précis et fiables.

Enfin, n'oubliez pas de vérifier vos formules. Excel dispose d'un certain nombre d'outils qui peuvent vous aider à valider vos formules. L'un de ces outils s'appelle l'outil d'audit de formule et comprend des fonctionnalités telles que Trace Precedents et Trace Dependents qui peuvent vous aider à comprendre le fonctionnement de votre formule.

Adopter des pratiques de gestion de fichiers efficaces dans Excel 2023

Travailler avec Excel 2023 nécessite une organisation efficace des fichiers, qui est un élément important mais parfois négligé du processus. Cela nécessite d'organiser vos fichiers Excel de manière à les rendre faciles à trouver et à accéder, ainsi que de nommer les fichiers d'une manière à la fois évidente et informative afin d'éviter toute confusion.

Un autre élément essentiel de la gestion de vos fichiers consiste à effectuer des sauvegardes fréquentes de votre travail. Excel est équipé de fonctionnalités appelées AutoSave et AutoRecover qui peuvent aider à protéger votre travail en cas de panne de courant soudaine ou de dysfonctionnement de l'ordinateur. Cependant, vous devez également prendre l'habitude d'enregistrer régulièrement votre travail manuellement, en particulier après avoir apporté des modifications jugées importantes.

Enfin, vous devriez penser à utiliser les outils de contrôle de version disponibles dans Excel 2023. Grâce à ces fonctionnalités, vous pourrez suivre l'évolution d'un classeur dans le temps, déterminer qui était responsable de chaque modification et, si nécessaire, revenez à une ancienne version du classeur.

Tirer parti des fonctionnalités de vérification des erreurs d'Excel pour éviter les erreurs courantes

Excel 2023 est livré avec un certain nombre de fonctions de vérification des erreurs intégrées qui peuvent vous aider à localiser et à réparer les erreurs typiques de votre travail. L'outil de vérification des erreurs d'Excel effectue des tests automatisés pour les formules afin de s'assurer qu'elles n'incluent aucun des types d'erreurs les plus fréquents, tels que des références de cellule incorrectes ou des types de données incompatibles.

En outre, les outils d'audit de formules inclus dans Excel peuvent vous aider à comprendre le fonctionnement de vos formules et à localiser les éventuels problèmes qui pourraient survenir. À l'aide de ces outils, vous pourrez suivre les prédécesseurs de n'importe quelle cellule, qui sont les cellules sur lesquelles repose votre formule, ainsi que ses dépendances, qui sont les cellules qui reposent sur votre formule.

Vous pouvez vous assurer de l'exactitude et de la fiabilité de vos feuilles de calcul en utilisant ces outils de vérification et d'audit des erreurs, qui vous permettront d'éviter de commettre bon nombre des erreurs habituelles que les gens commettent."

"Techniques de dépannage pour résoudre les problèmes courants

Comprendre et traiter les erreurs de formule dans Excel 2023

Excel 2023, tout comme ses prédécesseurs, n'est pas entièrement exempt de la possibilité de faire des erreurs dans les formules. Afin de résoudre efficacement ces difficultés, il est nécessaire de bien comprendre les messages d'erreur affichés par Excel. Par exemple, qu'est-ce que le #NAME ? L'erreur indique qu'Excel est incapable d'interpréter le texte inclus dans la formule alors qu'un #DIV/0! Un effort a été fait pour diviser par zéro, comme le montre l'erreur.

Après avoir compris la nature de l'erreur, il est possible de mettre en œuvre des mesures correctives. Vérifier les erreurs typographiques, s'assurer que la fonction appropriée est utilisée, valider les références à d'autres cellules et s'assurer que la syntaxe de la formule est conforme aux normes d'Excel ne sont que quelques-unes des choses qui pourraient appartenir à cette catégorie.

Les capacités de vérification des erreurs d'Excel, telles que la boîte de dialogue "Évaluer la formule", facilitent le processus de localisation du composant de la formule qui génère le problème en fournissant un examen étape par étape du calcul.

Résolution des problèmes d'importation de données dans Excel 2023

Les erreurs qui se produisent lors de l'importation de données sont un défi régulier auquel les professionnels travaillant avec Excel 2023 sont confrontés. L'importation de données à partir d'autres sources, telles que des fichiers texte ou d'autres applications de feuille de calcul, peut entraîner ces problèmes, ce qui peut entraîner la déformation des données, la perte de la mise en forme ou même l'impossibilité d'importer des données.

Comprendre la structure des données source ainsi que le processus d'importation lui-même est souvent nécessaire pour résoudre avec succès ces problèmes. Les utilisateurs ont la possibilité de désigner la manière dont Excel doit interpréter les données importées en utilisant les fonctionnalités "Obtenir et transformer les données" intégrées à Excel. Cela réussit généralement à résoudre ces difficultés.

Au cours du processus d'importation des données, Excel propose également des choix pour le nettoyage et la transformation des données. Cela implique de modifier les types de données, de séparer les colonnes et d'éliminer les données qui ne sont pas essentielles pour vérifier que les données importées respectent le format requis. Cela peut aider à garantir que les données ont été importées avec succès.

Surmonter les problèmes de performances dans Excel 2023

Les difficultés de performances d'Excel 2023 peuvent être assez désagréables et peuvent réduire considérablement la productivité. Lorsqu'il s'agit de feuilles de calcul volumineuses ou de calculs compliqués, ces problèmes apparaissent souvent comme des temps de réaction retardés.

Différentes approches peuvent être adoptées pour diagnostiquer et résoudre ces problèmes de performances. L'élimination des formules, des tableaux croisés dynamiques, des graphiques et des données qui ne sont pas essentielles est l'un des moyens les plus efficaces de simplifier la feuille de calcul et de la rendre plus facile à comprendre. La fonction "Optimiser pour la compatibilité" peut aider à déterminer les composants du classeur susceptibles de ralentir son exécution.

Lorsqu'il s'agit de feuilles de calcul volumineuses, l'utilisation des « options de calcul » d'Excel pour passer du calcul automatique au calcul manuel peut également contribuer à accroître l'efficacité. Cependant, assurez-vous de recalculer manuellement la feuille de calcul chaque fois que cela est nécessaire.

Dépannage des problèmes d'impression dans Excel 2023

Les problèmes d'impression Excel peuvent prendre plusieurs formes, allant de zones d'impression incorrectes à des marges qui ne sont pas correctement alignées. Ces problèmes peuvent être assez frustrants, en particulier lorsque l'on tente de travailler sur des rapports ou des documents présentés de manière professionnelle.

La première étape de la résolution des problèmes d'impression consiste à bien comprendre la vue Mise en page d'Excel et l'outil Aperçu avant impression. Grâce à ces fonctionnalités, la feuille de calcul peut offrir une image exacte de son apparence une fois imprimée.

La boîte de dialogue Mise en page d'Excel offre aux utilisateurs plusieurs choix pour modifier divers paramètres, notamment la zone d'impression, les marges et l'orientation de la page, entre autres. La plupart du temps, trouver une solution aux problèmes d'impression peut être aussi simple que d'apporter les modifications appropriées dans cette boîte de dialogue.

Gestion des problèmes de compatibilité dans Excel 2023

Lorsque vous tentez de partager des classeurs créés dans Excel 2023 avec des utilisateurs qui travaillent avec des versions antérieures d'Excel, des problèmes de compatibilité peuvent survenir. Ces problèmes peuvent entraîner une réduction des fonctionnalités ainsi qu'un biais des données et de la présentation (Tips to Prevent Data Entry Errors in Excel, nd).

L'utilisation de l'outil "Vérifier la compatibilité" est l'une des premières choses à faire pour tenter de résoudre les problèmes de compatibilité. Les composants de la feuille de calcul qui n'étaient pas pris en charge par les anciennes versions d'Excel peuvent être trouvés et signalés à l'aide de cette fonction.

Excel offre également la possibilité d'enregistrer le classeur dans un format utilisé dans les versions antérieures d'Excel. D'un autre côté, cela pourrait rendre les fonctionnalités ou le formatage spécifiques à Excel 2023 inutilisables. L'outil « Optimiser pour la compatibilité » peut fournir une assistance sur les modifications nécessaires qui doivent être apportées pour garantir le niveau de compatibilité le plus élevé possible."

Chapitre 8

Maîtriser les tableaux croisés dynamiques pour l'analyse des données

"Les tableaux croisés dynamiques d'Excel 2023 pour l'analyse des données constituent une étape cruciale vers la pleine exploitation de ce programme puissant, et chaque professionnel devrait faire un effort pour maîtriser ces tableaux. La capacité à utiliser des tableaux croisés dynamiques est plus qu'un simple talent ; c'est une passerelle vers une connaissance plus approfondie de vos données, vous donnant des informations souvent impossibles à extraire à l'aide d'approches de recherche standard. Les tableaux croisés dynamiques sont une sorte d'outil d'analyse que l'on trouve dans les tableurs tels que Microsoft Excel.

Dans le monde d'aujourd'hui axé sur les données, un manque de compréhension de ses propres données pourrait faire la différence entre le succès et l'échec. De nombreux professionnels, y compris ceux du commerce et de la recherche, ainsi que ceux travaillant dans divers secteurs, sont souvent confrontés à des volumes massifs de données. Le défi d'analyser toutes ces données et d'en tirer des conclusions significatives peut être assez difficile. Excel 2023 a une fonctionnalité appelée tableaux croisés dynamiques pour des situations comme celle-ci. Les utilisateurs peuvent résumer, analyser et afficher des ensembles de données volumineux d'une manière à la fois gérable et compréhensible grâce à l'utilisation de tableaux croisés dynamiques.

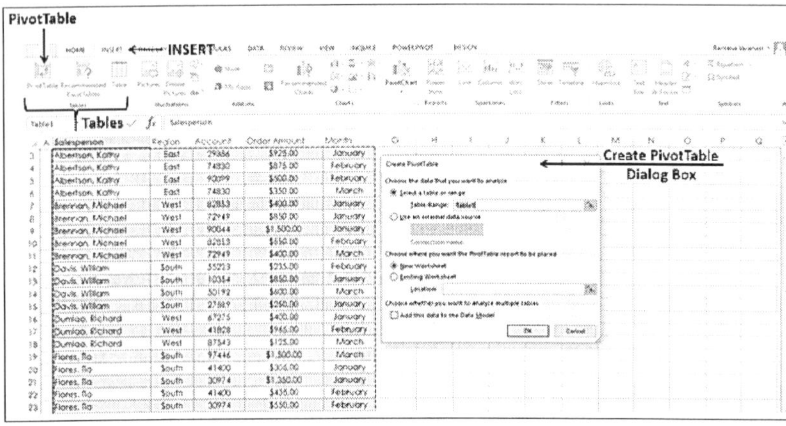

Image 8.1: Tableau pivot pour l'analyse des données expliqué

En raison de leur adaptabilité et de leur polyvalence, les tableaux croisés dynamiques sont un type d'outil de base de données particulièrement puissant. Vous pouvez facilement réorganiser vos données à l'aide de tableaux croisés dynamiques, ce qui vous donne la possibilité de les voir sous différents angles et avec différents degrés de granularité. Vous pouvez résumer les données en additionnant les nombres, en les comptant, en prenant une moyenne ou en effectuant diverses autres opérations mathématiques. Vous avez également la possibilité de trier et de filtrer les résultats, ce qui vous aidera à vous concentrer sur les informations les plus pertinentes. Vous pouvez rapidement extraire les informations souhaitées des tableaux croisés dynamiques, que vous travailliez avec des données de vente, des résultats d'enquête ou des informations financières ; il suffit de quelques clics.

Les tableaux croisés dynamiques dans Excel 2023 offrent une vitesse améliorée ainsi que des fonctionnalités supplémentaires, donnant aux utilisateurs les outils dont ils ont besoin pour traiter les volumes de données sans cesse croissants qui existent dans l'environnement actuel. Par exemple, comme Excel 2023 gère de plus grandes quantités de données ainsi que des calculs plus compliqués, les tableaux croisés dynamiques sont capables de maintenir leur réactivité et leur capacité même en travaillant avec des ensembles de données extraordinairement volumineux.

Apprendre à utiliser efficacement les tableaux croisés dynamiques permet en quelque sorte de devenir un "détective de données". Vous êtes capable de déterrer des modèles, de reconnaître des tendances et d'arriver à des conclusions qui peuvent avoir une incidence significative sur votre processus de prise de décision si vous maîtrisez l'utilisation de tableaux croisés dynamiques pour manipuler les données à votre disposition. Ce talent a le potentiel de vous fournir un avantage dans le monde professionnel, vous positionnant comme un atout précieux dans n'importe quel secteur de l'économie où les données jouent un rôle important."

"Explorer la puissance des tableaux croisés dynamiques pour l'analyse des données et la création de rapports

La nature dynamique des tableaux croisés dynamiques

Le tableau croisé dynamique est un outil essentiel pour effectuer une analyse de données dans Excel 2023. Les utilisateurs de ces tableaux flexibles ont la possibilité de "pivoter" ou de faire pivoter les données, ce qui leur permet de regarder les données sous différents angles et de découvrir un large variété d'idées qui peuvent ne pas être immédiatement évidentes dans les données brutes. Ce degré de dynamisme est rendu possible par l'interface utilisateur par glisser-déposer, qui simplifie le déplacement des champs de données à l'intérieur des lignes et des colonnes afin d'obtenir une variété de résumés alternatifs.

Par exemple, si vous possédez une entreprise de commerce électronique et que vous disposez de données de vente pour une large gamme d'articles, vous pouvez d'abord configurer votre tableau croisé dynamique pour afficher les ventes ventilées en fonction du type de produit. Cependant, avec un simple changement, vous pouvez faire pivoter les données afin de les voir en fonction de l'emplacement géographique, de la période ou de toute autre catégorie appropriée. Ce repositionnement dynamique des données est un gain de temps important car il élimine le besoin de nombreux tableaux ou de calculs sophistiqués pour examiner les données sous différents angles.

De plus, les tableaux croisés dynamiques offrent la possibilité de passer d'informations de haut niveau à des données plus spécifiques en un clic. Ceci est très important pour les analystes car ils doivent être en mesure de déterminer les facteurs qui contribuent à une certaine tendance ou anomalie. Toutes ces caractéristiques mettent en évidence la nature dynamique des tableaux croisés dynamiques, qui améliorent les compétences d'exploration de données et fournissent des informations importantes sur les opérations des entreprises.

Capacités de filtrage et de tri des tableaux croisés dynamiques

Les tableaux croisés dynamiques dans Excel 2023 ont reçu des pouvoirs améliorés qui portent son filtrage et son tri à de nouveaux sommets. Lorsqu'il s'agit d'ensembles de données volumineux, le filtrage change la donne car il donne aux utilisateurs la possibilité de se concentrer sur certains sous-ensembles de données et de dissimuler des informations qui ne sont pas nécessaires à leur travail. Les utilisateurs peuvent immédiatement se concentrer sur un sous-ensemble de données pertinent en utilisant un tableau croisé dynamique et en choisissant certains critères à l'intérieur du tableau. Un exemple de ceci serait qu'un analyste marketing utilise un filtre afin qu'il puisse accéder aux données se rapportant uniquement à un certain domaine ou à une campagne.

D'autre part, le tri des données à l'aide de tableaux croisés dynamiques permet aux utilisateurs d'organiser les données selon des critères définis, ce qui est très utile lors de la recherche de tendances, de modèles ou de valeurs aberrantes dans les données. Un directeur des ventes peut simplement déterminer quels produits ont eu le plus de succès en utilisant un ensemble de données sur les ventes et en triant les données par ordre décroissant. Les puissantes fonctionnalités de filtrage et de tri des tableaux croisés dynamiques renforcent encore le potentiel d'analyse des données dans Excel 2023. Ces fonctionnalités permettent aux utilisateurs de transformer les données brutes en informations pouvant être utilisées pour influencer les décisions stratégiques.

Récapitulation des données avec des tableaux croisés dynamiques

Les tableaux croisés dynamiques dans Excel 2023 ont une fonction qui permet de résumer les données de manière fluide. C'est l'un des aspects les plus intrigants des tableaux croisés dynamiques. Les tableaux croisés dynamiques sont capables d'automatiser les processus de tri, de comptage, de totalisation et de calcul de la moyenne des données enregistrées dans une table ou une feuille de calcul et d'afficher les résultats de ces opérations dans une seconde table qui fournit un résumé des données.

Lorsque vous travaillez avec de grands ensembles de données, avoir la capacité de condenser et de résumer les données de manière significative est un atout majeur. Par exemple, un analyste commercial qui traite des données de vente pour des centaines de biens vendus au cours d'une période de plus d'un an peut utiliser un tableau croisé dynamique pour acquérir rapidement une vue de haut niveau des ventes totales, des ventes moyennes ou du nombre de ventes, ventilées par année, produit ou toute autre catégorie pertinente.

De plus, le tableau croisé dynamique affiche les informations sous forme de résumé, mais il donne également aux utilisateurs la possibilité d'approfondir les subtilités qui se cachent derrière les résumés. Les utilisateurs ont la possibilité d'enquêter sur les transactions spécifiques qui constituent un total ou une moyenne, ce qui permet de faire une enquête approfondie des données lorsque cela est nécessaire. Les tableaux croisés dynamiques sont une méthode efficace pour résumer les données en raison de leur variété et de leur puissance, ainsi que de leur capacité à effectuer à la fois des aperçus de haut niveau et des analyses granulaires.

L'intégration des tableaux croisés dynamiques avec d'autres fonctionnalités d'Excel

Les tableaux croisés dynamiques dans Excel 2023 ne sont pas des outils autonomes ; au lieu de cela, ils se combinent de manière fluide avec les autres éléments d'Excel pour améliorer les capacités d'analyse de données de ces fonctionnalités. Par exemple, PivotCharts , un compagnon visuel des tableaux croisés dynamiques, permet aux utilisateurs de représenter visuellement les données des tableaux croisés dynamiques. Cela peut considérablement améliorer l'interprétation et la fourniture d'informations sur les données. Les graphiques croisés dynamiques ne sont qu'un exemple de compagnon visuel des tableaux croisés dynamiques. Lors de la présentation d'informations aux parties prenantes, un résumé de tableau croisé dynamique des données de vente peut être rapidement converti en graphique croisé dynamique pour une présentation plus esthétique et plus facile à saisir."

"Instructions pas à pas pour créer et personnaliser des tableaux croisés dynamiques

Préparation de vos données pour les tableaux croisés dynamiques

Lorsque vous démarrez avec les tableaux croisés dynamiques dans Excel 2023, l'une des premières étapes les plus importantes consiste à vous assurer que vos données sont correctement formatées pour cet outil puissant. Vous pouvez le faire en suivant les instructions de la section suivante. Chaque colonne doit avoir un en-tête clair qui résume de manière concise les données qu'elle contient, telles que "Ventes", "Région" ou "Date". Par exemple, « Ventes », « Région » et « Date » sont tous des exemples de bons en-têtes de colonne. On s'attend à ce que chaque ligne comprenne des données correspondant aux en-têtes de colonne. Il ne doit pas y avoir de lignes ou de colonnes vides, et les données qui ont des qualités similaires doivent être regroupées dans la même colonne.

Si vous évaluiez, par exemple, des données sur les ventes, vous ne voudriez pas mélanger les quantités vendues avec les montants des ventes dans la même colonne, car cela entraînerait une confusion. Au lieu de cela, vous devez séparer les deux dans des colonnes distinctes. Dans le même esprit, il est également important de maintenir la cohérence des données. Si vous allez employer des régions, par exemple, vous ne devez pas inclure des villes individuelles et des zones plus vastes dans la même colonne.

Lors de la préparation des données, le nettoyage peut impliquer la suppression des doublons, le remplissage des valeurs manquantes ou la séparation des données d'une seule colonne en plusieurs colonnes, entre autres actions possibles. La préparation correcte des données garantit que l'analyse fournie par votre tableau croisé dynamique sera précise et utile, ainsi que que vous utiliserez pleinement les fonctionnalités de cet outil Excel.

Le processus de création de tableaux croisés dynamiques

Lorsque vous utilisez Excel 2023, le processus de création d'un tableau croisé dynamique commence par le choix des données qui seront analysées. Si les données avec lesquelles vous travaillez sont sous forme de tableau, vous avez la possibilité d'utiliser un tableau complet, de sélectionner une plage de cellules ou d'utiliser une plage nommée. Lorsque vous avez terminé de sélectionner les données, allez dans l'onglet "Insérer" du ruban Excel puis cliquez sur le bouton "Tableau croisé dynamique". Vous serez invité à confirmer la plage de données et à choisir une feuille de calcul nouvelle ou existante pour le tableau croisé dynamique à placer lorsque la boîte de dialogue correspondante apparaît à l'écran.

À ce stade, vous avez un tableau croisé dynamique vide, ainsi que le volet Champs de tableau croisé dynamique, où vous allez construire votre tableau croisé dynamique. Dans cette étape, vous sélectionnerez les données que vous souhaitez voir dans les régions Lignes, Colonnes, Valeurs et Filtres du tableau croisé dynamique. Vous pouvez, par exemple, mettre différentes zones de vente dans la section Lignes, différentes périodes de temps dans la zone Colonnes et le total des ventes dans le champ Valeurs. Vos données seront résumées de manière compréhensible et préparées pour un traitement et une analyse ultérieurs en quelques clics de souris seulement.

Personnalisation des tableaux croisés dynamiques

Excel 2023 propose une grande variété de choix qui vous permettent d'adapter les tableaux croisés dynamiques aux besoins spécifiques de votre organisation. Par exemple, selon les exigences de votre recherche, vous pourriez trouver plus utile de remplacer la fonction récapitulative SOMME dans la zone Valeurs par la fonction récapitulative MOYENNE ou COMPTE. Si vous souhaitez vous concentrer sur certaines données, vous devrez peut-être d'abord trier ou filtrer le tableau croisé dynamique.

L'onglet Conception, qui se trouve dans la section Outils de tableau croisé dynamique du ruban Excel, propose un certain nombre de choix de personnalisation différents pour l'apparence et le comportement du tableau croisé dynamique. Dans cette section, vous trouverez une gamme de styles préconfigurés, dans lesquels vous pouvez apporter des ajustements aux lignes et colonnes en bandes, aux en-têtes de lignes et de colonnes, etc.

Si votre tableau croisé dynamique résume les données de date, la fonction de regroupement d'Excel 2023 est particulièrement bénéfique. Votre capacité à analyser les données s'améliorera grâce à la capacité de cette fonctionnalité à organiser les dates en périodes telles que des mois, des trimestres ou des années. Gardez à l'esprit que les ajustements que vous apportez au tableau croisé dynamique n'auront aucun effet sur les données qu'il contient, ce qui vous donne la liberté d'expérimenter diverses modifications alternatives sans aucun souci."

"Techniques avancées pour analyser et synthétiser efficacement les données

Tirer parti des champs et des éléments calculés

Les champs et éléments calculés des tableaux croisés dynamiques dans Excel 2023 offrent une couche supplémentaire d'analyse des données, vous permettant de créer des calculs uniques basés sur les données déjà présentes. Cette fonctionnalité a été introduite dans Excel 2023. L'utilisation d'opérations mathématiques dans un champ calculé entraînera la création de nouveaux champs, mais l'utilisation d' opérations mathématiques dans un élément calculé entraînera la création de nouveaux éléments dans un champ existant.

Par exemple, si vous disposez d'un ensemble de données de ventes comportant des colonnes pour les revenus et une autre pour la quantité vendue, vous pouvez créer un champ calculé pour le prix de vente moyen afin de déterminer le prix de vente habituel de chaque article. Vous aurez accès à une information supplémentaire à évaluer, grâce au champ calculé, qui divisera le revenu total par le montant vendu.

Les items calculés, en revanche, peuvent être utilisés pour produire des sous-groupes individualisés au sein d'un champ. Si vous avez un champ pour les régions et des éléments pour chaque ville, vous pouvez créer un élément calculé qui combine de nombreuses villes dans une zone unique. Ce serait possible si vous avez un tel champ.

Vous pouvez aller au-delà de l'analyse de base qu'Excel vous fournit en utilisant des champs et des éléments calculés dans votre tableau croisé dynamique. Cela vous permettra de personnaliser votre analyse en fonction des problèmes commerciaux spécifiques auxquels vous souhaitez répondre.

Utilisation de segments et de chronologies pour l'analyse interactive

Les segments et les chronologies d'Excel 2023 fournissent aux utilisateurs une interface graphique via laquelle ils peuvent filtrer les données du tableau croisé dynamique. Vous pouvez filtrer les données en sélectionnant des éléments directement à partir du segment si vous appliquez des segments à un ou plusieurs champs et appliquez ces segments à un ou plusieurs champs. Il s'agit d'une méthode très interactive d'analyse de vos données, et elle peut être particulièrement utile dans les présentations dans lesquelles vous souhaitez démontrer une variété de perspectives différentes sur les données.

Les chronologies sont un type spécial de segment qui a été développé exclusivement pour les dates. Si vous avez une chronologie, vous aurez la possibilité de filtrer vos données en fonction de différentes périodes simplement en choisissant une plage sur la chronologie. Il s'agit d'une excellente méthode pour analyser des modèles sur une certaine durée ou pour comparer des données provenant de diverses périodes.

Les trancheuses et les chronologies offrent une grande personnalisation en termes de conception et de mise en page, vous permettant de les ajuster pour mieux répondre à vos besoins. Ils peuvent également être liés à de nombreux tableaux croisés dynamiques, ce qui permet aux utilisateurs de filtrer les données de plusieurs tableaux en même temps.

Implémentation de la mise en forme conditionnelle pour une meilleure visualisation des données

Excel 2023 possède une fonctionnalité appelée mise en forme conditionnelle, qui est un outil puissant qui peut être utilisé conjointement avec des tableaux croisés dynamiques pour attirer l'attention sur certains points de données. Excel vous permet de formater automatiquement les cellules qui remplissent des paramètres particuliers si vous établissez d'abord ces conditions, puis appliquez la mise en forme. Cela peut être utile pour mettre l'accent sur certaines sections de vos données, telles que les nombres élevés ou faibles, ou pour identifier des modèles et des tendances dans vos données.

En utilisant la mise en forme conditionnelle, par exemple, vous pouvez mettre en surbrillance toutes les ventes supérieures à un montant spécifique en vert, tandis que toutes les ventes inférieures à un nombre donné peuvent être mises en surbrillance en rouge. Toute personne regardant le tableau croisé dynamique serait en mesure de dire immédiatement si les ventes étaient en excès ou avaient besoin d'être améliorées, grâce à cette fonctionnalité.

Dans un tableau croisé dynamique, vous pouvez également utiliser une mise en forme conditionnelle en ajoutant des barres de données ou des échelles de couleurs. C'est une option de plus pour le faire. Les barres de données sont une sorte de format conditionnel qui génère un graphique à barres à l'intérieur de vos cellules, tandis que les échelles de couleurs modifient la couleur de chaque cellule en fonction des données qu'elle contient. Ces deux formats peuvent être trouvés dans Microsoft Excel. Ces deux choix fournissent une représentation graphique des données que vous devez examiner et ont le potentiel de rendre votre tableau croisé dynamique considérablement plus simple et plus simple à comprendre.

Application de Power Query et Power Pivot pour l'analyse avancée des données

La capacité d'analyse des données des tableaux croisés dynamiques est considérablement améliorée par l'incorporation d'Excel 2023 des puissants outils Power Query et Power Pivot, qui font tous deux partie de l'ensemble de fonctionnalités standard d'Excel 2023. Vous pouvez rechercher, connecter, intégrer et améliorer des données provenant d'un large éventail de sources à l'aide d'une technologie appelée Power Query. Power Query est un outil de connectivité de données. Vous aurez plus de contrôle sur votre analyse si vous utilisez Power Query pour nettoyer et reformater vos données avant de les placer dans un tableau croisé dynamique. Power Query vous permet de le faire.

D'autre part, Power Pivot est un outil de modélisation de données qui permet aux utilisateurs non seulement de concevoir des modèles de données, mais également de former des connexions, de générer des colonnes et des mesures calculées, etc. Tant que les tables en cours d'analyse sont liées les unes aux autres d'une manière ou d'une autre, les données peuvent être analysées à partir de plusieurs tables en même temps à l'aide de Power Pivot."

Chapitre 9

Applications Excel dans les affaires et la vie personnelle

"La variété et la force d'Excel 2023 en font un outil très important dans les scénarios d'entreprise et personnels. La compréhension et l'utilisation des fonctionnalités d'Excel peuvent entraîner une productivité accrue, une meilleure prise de décision et une capacité globale améliorée à gérer et à comprendre les données.

Les utilisations d'Excel dans le secteur des entreprises sont nombreuses et diverses. Il est utilisé dans presque tous les secteurs, y compris la finance, le marketing, les ressources humaines et autres. Les analystes financiers, par exemple, utilisent souvent Excel pour créer des modèles financiers, faire des prévisions budgétaires et analyser les données financières de l'entreprise. La possibilité de créer des tableaux croisés dynamiques et des graphiques, ainsi que de développer des calculs sophistiqués et d'utiliser des fonctions telles que VLOOKUP et INDEX-MATCH, permet une analyse financière approfondie qui peut orienter les choix d'investissement et la stratégie d'entreprise.

Les experts en marketing, quant à eux, peuvent utiliser Excel pour évaluer le succès des campagnes, évaluer les données démographiques des consommateurs ou estimer les modèles de ventes futurs. Les responsables des ressources humaines peuvent utiliser Excel pour suivre les données du personnel, évaluer les mesures de performance et se préparer aux futurs besoins en matière d'emploi. Excel est un outil essentiel pour l'organisation, l'analyse et l'affichage des données, qui contribue à l'efficacité des opérations et à la prise de décision stratégique dans toute entreprise.

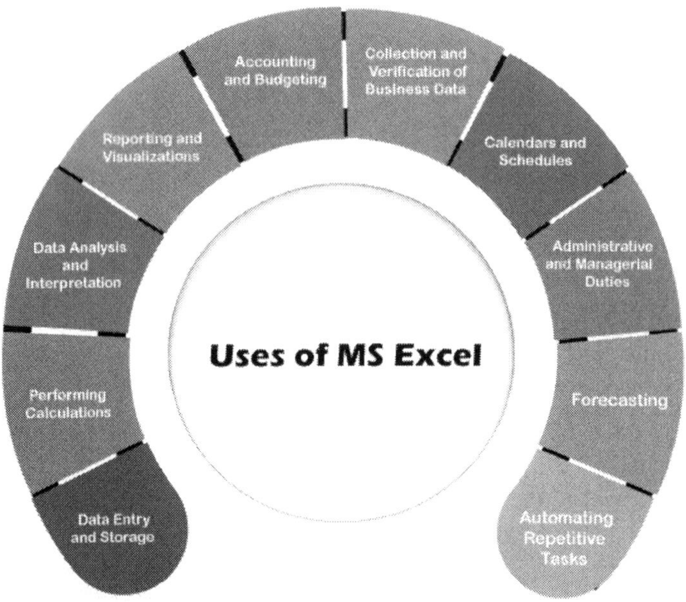

Image 9.1: Utilisations de Microsoft Excel dans la vie réelle expliquée

De plus, Excel 2023 a des conséquences importantes pour les propriétaires de petites entreprises et les indépendants. Ils peuvent, par exemple, l'utiliser pour gérer leurs finances, du suivi des revenus et des dépenses à la facturation des clients et à l'évaluation du seuil de rentabilité. La polyvalence et la personnalisation d'Excel en font un outil pratique et rentable pour gérer les opérations de l'entreprise, même en l'absence d'un système d'entreprise à grande échelle.

Excel est tout aussi précieux dans des situations personnelles. C'est un outil essentiel pour la budgétisation et la gestion financière personnelle. Les particuliers peuvent utiliser Excel pour surveiller leurs revenus et leurs dépenses, fixer des objectifs d'épargne et calculer les remboursements de prêts. Cela peut conduire à des choix financiers plus éclairés et à une meilleure connaissance de sa situation financière.

Excel est également pratique pour une variété de tâches quotidiennes telles que la planification d'événements, le suivi des objectifs personnels et l'organisation de projets de réparation à domicile. Excel, par exemple, peut être utilisé pour surveiller les RSVP, les choix de cuisine et les dépenses budgétaires lors de la préparation d'une réunion de famille. En termes de suivi des objectifs personnels, on peut utiliser Excel pour suivre les progrès de la perte de poids, la création d'habitudes ou les objectifs d'apprentissage, en utilisant la capacité d'Excel à afficher des données dans des tableaux et des graphiques simples.

Excel peut aider les étudiants à acquérir des capacités d'analyse de données et à comprendre des sujets difficiles dans des contextes éducatifs. Par exemple, les étudiants en sciences peuvent utiliser Excel pour la collecte et l'analyse de données dans des expériences de laboratoire, tandis que les étudiants en sciences sociales peuvent l'utiliser pour l'analyse statistique.

Essentiellement, les utilisations d'Excel 2023 dans les affaires et la vie personnelle sont nombreuses et importantes. Les entreprises peuvent promouvoir l'efficacité et la prise de décision éclairée en utilisant la puissance d'Excel, tandis que les particuliers peuvent améliorer leurs compétences personnelles en gestion et faire des choix basés sur les données dans leur vie quotidienne. L'importance d'Excel découle de sa capacité à transformer des données brutes en informations significatives, un talent essentiel dans l'environnement actuel axé sur les données."

"Comprendre la polyvalence d'Excel dans divers contextes professionnels et personnels

Exceller en gestion financière

La gestion de l'argent est une tâche essentielle pour les organisations, et Excel s'est avéré être un excellent outil pour le travail. La capacité d'Excel à stocker, organiser et analyser des données numériques lui permet de simplifier avec succès le processus de gestion financière. Il peut automatiser les calculs via ses nombreuses fonctionnalités, faisant gagner un temps considérable aux gestionnaires financiers et aux analystes.

Supposons qu'une société veuille examiner ses modèles de ventes au cours des cinq dernières années. Ils peuvent rapidement calculer le revenu total, le revenu moyen et le revenu maximum en saisissant des données pertinentes dans Excel et en utilisant des fonctions telles que SOMME, MOYENNE et MAX. Les outils de création de graphiques dans Excel permettraient encore plus de visualisation de ces données, ce qui simplifierait la découverte des tendances et la formation de conclusions significatives.

Les puissantes fonctionnalités de prévision d'Excel peuvent également aider à anticiper les modèles de revenus futurs en fonction des données précédentes. Cela peut aider les organisations à prendre des décisions stratégiques en anticipant les changements du marché et en ajustant leurs opérations de manière appropriée. En conséquence, Excel est utile dans le domaine de la gestion financière, offrant les outils nécessaires pour une analyse et une planification financières réussies.

Exceller en gestion des opérations

Les atouts d'Excel dans l'organisation et la simplification des processus le distinguent dans le domaine de la gestion des opérations. Ceci est particulièrement important dans la gestion des stocks, la planification de la production et la logistique.

Excel, par exemple, peut être utilisé dans la gestion des stocks pour surveiller les niveaux de stock, déterminer les points de réapprovisionnement et évaluer la rotation des stocks. Ces données peuvent aider les organisations à optimiser leurs niveaux de stocks et à réduire les dépenses associées aux surstocks ou aux ruptures de stock. Grâce aux capacités automatisées d'Excel, ces calculs peuvent également être mis à jour en temps réel lorsque les niveaux de stock changent, améliorant ainsi la précision et l'efficacité de la gestion des stocks.

Excel peut également aider à la planification, à la planification des capacités et à l'analyse des coûts dans la planification de la production. Un directeur de production, par exemple, utiliserait Excel pour établir un calendrier de production, en calculant quand et comment les articles doivent être fabriqués pour répondre à la demande tout en réduisant les coûts.

Enfin, Excel peut aider à la planification des itinéraires, à la gestion de la flotte et à l'optimisation des coûts en logistique. Un responsable logistique, par exemple, peut utiliser Excel pour déterminer les itinéraires de livraison les plus efficaces, en tenant compte de variables telles que la distance, le trafic et les prix du carburant.

Exceller en Ressources Humaines

La valeur d'Excel s'étend à la gestion des ressources humaines (RH), où il peut être utilisé pour le suivi du personnel, l'analyse des performances et l'administration de la paie. Excel offre un accès et une analyse rapides des données du personnel en les consolidant en un seul endroit, contribuant ainsi à une administration RH réussie.

Le suivi des employés, par exemple, implique la tenue d'un registre des informations sur les travailleurs, telles que les coordonnées, les intitulés de poste et les dates d'emploi. Les responsables RH peuvent simplement trier, filtrer et rechercher ces données dans Excel, ce qui facilite le suivi des employés.

Excel peut être utilisé dans l'analyse des performances pour évaluer les données des évaluations de performances, découvrir des modèles et tirer des conclusions sur les performances des travailleurs. Ces données peuvent être utilisées pour porter des jugements sur les promotions, les augmentations et les opportunités de formation.

Excel peut automatiser le calcul des salaires, des impôts et des avantages sociaux des employés, ce qui permet aux responsables des ressources humaines d'économiser beaucoup de temps et de travail. Les outils de validation des données et de vérification des erreurs d'Excel peuvent aider à améliorer la précision du calcul de la paie, réduisant ainsi la probabilité d'erreurs coûteuses.

Exceller en finances personnelles

Excel est excellent pour gérer l'argent personnel en plus de ses utilisations professionnelles. Il peut être utilisé pour suivre les revenus et les dépenses, établir des budgets et fixer des objectifs financiers.

Les particuliers peuvent utiliser Excel pour surveiller leurs revenus provenant de diverses sources et leurs dépenses dans plusieurs catégories pour le suivi des revenus et des coûts. Ils peuvent repérer les tendances de leurs habitudes de dépenses et de revenus en examinant ces données, ce qui peut les aider à faire des choix en matière de budgétisation et d'épargne.

Excel peut aider les utilisateurs à créer un plan budgétaire personnalisé et à surveiller leurs dépenses par rapport à leur budget en temps réel."

"Exemples concrets et études de cas illustrant l'utilité d'Excel dans différents scénarios

Étude de cas 1 : Excel dans la comptabilité des petites entreprises

Prenons l'exemple d'une petite entreprise de café de quartier. Au départ, le propriétaire gérait les responsabilités comptables manuellement, ce qui était non seulement chronophage, mais également sujet aux erreurs. Les procédures comptables du café ont été modifiées lors de la mise en place d'Excel.

Le propriétaire a commencé par créer un fichier Excel avec des sections distinctes pour diverses fonctions comptables telles que les registres des ventes quotidiennes, le suivi des stocks et l'administration de la paie. Les fonctions SOMME et MOYENNE ont été utilisées pour déterminer automatiquement les ventes quotidiennes totales, les ventes quotidiennes moyennes et même les ventes horaires si nécessaire.

Mise en forme conditionnelle des cellules en surbrillance pour souligner des informations cruciales, telles que les jours avec des ventes anormalement élevées ou faibles. Le propriétaire pouvait facilement découvrir des modèles en visualisant les données de vente à l'aide de graphiques Excel, tels que les jours de la semaine où les ventes étaient les plus importantes.

Le propriétaire a utilisé Excel pour surveiller les niveaux de stock de différents grains de café et d'autres marchandises pour la gestion des stocks. Cela a permis un suivi précis et en temps réel des ressources disponibles et une commande rapide des fournitures, évitant ainsi les ruptures de stock. Les informations d'Excel basées sur les données ont été essentielles pour faire des choix plus éclairés concernant les opérations du café, augmentant ainsi l'efficacité et la rentabilité.

Étude de cas 2 : Excel dans l'analyse des données sur l'éducation

Excel s'est avéré être un outil crucial pour organiser et analyser les données d'un établissement d'enseignement qui contrôle une grande variété de données, des admissions et des notes des étudiants aux informations sur le personnel et aux finances.

Le collège a pu gérer plus efficacement les informations sur les étudiants en créant une base de données Excel complète. Les notes des étudiants ont été enregistrées et mises à jour dans Excel, permettant le calcul automatisé des GPA à l'aide des outils Excel.

De plus, l'université a utilisé Excel pour évaluer les schémas d'admission. Il était simple d'examiner les modèles et d'apprendre quels programmes attiraient le plus d'étudiants en présentant visuellement les données d'admission à l'aide de graphiques Excel.

De même, Excel était indispensable dans la gestion financière de l'institution. Il a été utilisé par le département des finances pour suivre les revenus et les dépenses, faire des estimations budgétaires et suivre les dépenses réelles par rapport au budget. La gestion financière de l'institution est ainsi devenue plus transparente et efficace.

Étude de cas 3 : Excel dans la gestion des données de santé

Un hôpital métropolitain a utilisé Excel pour gérer les données des patients et la prestation des soins de santé dans le secteur de la santé. Excel fournit un moyen systématique de stocker, de surveiller et d'analyser les données des patients, un grand nombre de patients étant traités quotidiennement.

Une feuille de calcul Excel a été utilisée pour gérer les données des patients, qui comprenaient les informations personnelles, les antécédents médicaux, le diagnostic, les détails du traitement et les informations de facturation. L'outil de validation des données dans Excel a vérifié que les données saisies respectaient des directives particulières, réduisant ainsi les erreurs.

L'hôpital a également utilisé Excel pour analyser les données des patients afin de fournir un meilleur traitement. Ils ont étudié la durée moyenne de séjour des patients, identifié les affections fréquentes et évalué les résultats des traitements, par exemple. Ces connaissances ont contribué à la simplification des opérations et à l'amélioration des soins aux patients.

Étude de cas 4 : Excel en gestion de projet

Excel a été utilisé par une entreprise de construction pour gérer ses nombreux projets. Ils ont cartographié les échéanciers du projet à l'aide de diagrammes de Gantt dans Excel, ce qui les a aidés à visualiser le calendrier du projet, à gérer les progrès et à repérer les retards.

Chaque projet a son propre fichier Excel avec des informations complètes sur les tâches, les délais, les personnes responsables et les mises à jour d'avancement. Le chef de projet pouvait surveiller rapidement l'avancement du projet et garantir que les tâches étaient terminées à temps en conservant toutes les informations du projet en un seul endroit.

Les compétences d'Excel en analyse de données ont également été utilisées pour la gestion budgétaire. L'organisation a été en mesure d'analyser rapidement les dépenses du projet, de comparer les prix réels aux coûts prévus et d'identifier les domaines de dépassement de budget.

Étude de cas 5 : Exceller dans la gestion de la chaîne d'approvisionnement

Considérez une énorme entreprise manufacturière qui doit gérer une chaîne d'approvisionnement complexe qui comprend plusieurs fournisseurs, marchandises, entrepôts et itinéraires de transport. Lorsque des éléments tels que l'évolution de la demande, les différents coûts de transport et la fiabilité variable des fournisseurs sont pris en compte, le processus devient plus difficile.

L'organisation a considérablement amélioré sa gestion de la chaîne d'approvisionnement en utilisant Excel. Des feuilles de calcul Excel ont été utilisées pour organiser les données sur les fournisseurs, les marchandises, les entrepôts et les itinéraires de transport. L'entreprise peut évaluer ces données à l'aide de fonctions Excel et d'outils d'analyse de données pour améliorer sa chaîne d'approvisionnement.

Par exemple, l'organisation a utilisé Excel pour surveiller et évaluer les performances des fournisseurs, en tenant compte d'aspects tels que le coût, le délai de livraison et la qualité des produits. Ces données ont aidé l'organisation à identifier ses meilleurs et ses pires fournisseurs et à faire des choix d'approvisionnement futurs éclairés.

Excel a également été utilisé pour gérer les opérations d'entrepôt. Les niveaux de stock peuvent être suivis en temps réel, les points de réapprovisionnement idéaux calculés et la rotation des stocks analysée. Ces données ont aidé l'organisation à maintenir des niveaux d'inventaire idéaux et à éviter les surstocks et les ruptures de stock.

De plus, l'organisation a utilisé Excel pour concevoir et optimiser les itinéraires de transport. L'organisation pourrait déterminer les itinéraires de transport les plus rentables et les plus efficaces en accédant aux données relatives à la distance, au coût et au temps.

L'utilisation d'Excel dans ce contexte a non seulement stimulé l'efficacité de la chaîne d'approvisionnement, mais a également entraîné des économies de coûts importantes, démontrant l'énorme influence qu'Excel peut avoir sur les opérations et les résultats d'une entreprise.

Étude de cas 6 : Exceller dans les études de marché

Prenons le cas d'une entreprise de marketing qui effectue fréquemment des études de marché pour ses clients. En raison de la nature de leur travail, l'agence travaille avec un grand volume de données qui doivent être traitées et évaluées de manière adéquate.

Excel est un outil puissant pour organiser et évaluer les données des études de marché. L'agence commence par saisir les données brutes dans Excel et les organise en plusieurs feuilles pour différentes catégories de données, telles que les informations démographiques, les résultats d'enquête et les données d'activité Internet.

L'agence peut traiter et analyser ces données à l'aide de fonctions Excel et d'outils d'analyse de données pour obtenir des informations précieuses. Ils peuvent utiliser Excel, par exemple, pour calculer l'âge moyen des répondants à une enquête, trouver les réponses les plus populaires à une question d'enquête ou évaluer des tendances dans les données d'activité en ligne.

De plus, l'agence peut afficher ces données à l'aide des fonctionnalités graphiques d'Excel, ce qui facilite leur compréhension et leur analyse. Ils peuvent, par exemple, créer un graphique à secteurs pour illustrer la distribution des résultats de l'enquête ou un graphique linéaire pour illustrer les tendances de l'activité en ligne au fil du temps.

Excel joue donc un rôle important dans les opérations d'études de marché de l'agence, en les aidant à organiser et à analyser rapidement et efficacement de vastes volumes de données. Cela améliore non seulement l'efficacité de leurs opérations, mais également la qualité de leurs recherches, ce qui se traduit par de meilleurs résultats pour leurs clients.

Étude de cas 7 : Exceller dans la gestion de la vente au détail

Considérez une société de vente au détail avec de nombreux emplacements à travers le pays. La gestion d'une organisation aussi grande nécessite le suivi de plusieurs variables, telles que les ventes, les stocks et les horaires des employés. Excel est utilisé par l'organisation pour faire face à ces difficultés.

Excel est utilisé pour agréger et analyser les données de vente de tous les emplacements, offrant des informations importantes sur les modèles de vente, les produits les plus vendus et les performances globales. L'organisation peut rapidement analyser les performances de plusieurs points de vente, découvrir des modèles saisonniers et faire des choix de vente basés sur les données.

Excel est utilisé dans la gestion des stocks pour surveiller les niveaux de stock de divers articles en temps réel. L'entreprise peut optimiser les niveaux de stock en surveillant les données d'inventaire, en s'assurant qu'elle ne manque pas de marchandises ou qu'elle n'a pas de stock excédentaire qui bloque l'argent.

Excel offre une option simple mais efficace pour la planification du personnel. Les gestionnaires peuvent utiliser Excel pour établir des horaires qui tiennent compte d'aspects tels que la disponibilité du personnel, les heures de pointe et les demandes des ateliers."

"Conseils pour tirer parti d'Excel pour améliorer la productivité et la prise de décision

Astuce 1 : Maîtriser les fonctions d'Excel pour une meilleure productivité

Pour exploiter efficacement Excel pour une productivité accrue, les utilisateurs doivent passer du temps à connaître et à maîtriser la myriade de fonctionnalités fournies par cette application sophistiquée. Excel a environ 400 fonctions qui vont des opérations mathématiques fondamentales aux fonctions financières, statistiques et logiques complexes.

Savoir appliquer des fonctions mathématiques simples telles que SOMME, MOYENNE, MAX et MIN, par exemple, peut aider à générer rapidement des statistiques statistiques de base à partir d'un ensemble de données. Cependant, afin d'exploiter correctement le potentiel d'Excel, les utilisateurs doivent maîtriser des fonctions plus complexes. Par exemple, VLOOKUP, HLOOKUP, INDEX et MATCH peuvent être utilisés pour obtenir des données particulières à partir de vastes ensembles de données, tandis que IF, AND et OR peuvent être utilisés pour un raisonnement conditionnel.

La manipulation de texte est un autre ensemble important de méthodes. Les fonctions de manipulation de chaînes de texte telles que CONCATENATE, LEFT, RIGHT et MID peuvent aider à extraire des informations utiles à partir de chaînes de texte. Comprendre quand et comment appliquer ces fonctions peut considérablement augmenter la productivité des utilisateurs d'Excel, leur faisant économiser beaucoup de temps et d'efforts dans les activités d'analyse de données.

Astuce 2 : Utiliser Excel pour une visualisation efficace des données

Les fonctionnalités de visualisation de données d'Excel offrent un autre moyen d'augmenter la productivité et la prise de décision. Les utilisateurs peuvent afficher des données volumineuses et compliquées d'une manière visuellement attrayante et facile à comprendre à l'aide de tableaux et de graphiques. Ceci est particulièrement utile pour présenter des données aux parties prenantes qui ne sont pas familiarisées avec les ensembles de données brutes.

Excel propose une variété de graphiques, notamment des graphiques linéaires, des graphiques à barres, des graphiques à secteurs et des nuages de points. Chaque style de graphique est le mieux adapté à un certain type de données. Les graphiques linéaires, par exemple, sont excellents pour afficher des modèles dans le temps, tandis que les graphiques à barres peuvent être utilisés pour comparer les valeurs dans différentes catégories.

Excel propose également des options pour personnaliser ces graphiques, telles que la possibilité de modifier le jeu de couleurs, d'ajouter des étiquettes de données, d'inclure une ligne de tendance, et bien plus encore. Les utilisateurs d'Excel peuvent acquérir des informations plus approfondies à partir de leurs données et les transmettre plus efficacement aux autres en affichant graphiquement les données, améliorant ainsi leurs compétences en matière de prise de décision.

Astuce 3 : Automatisation des tâches répétitives à l'aide de macros

L'utilisation de macros est une autre approche pour augmenter la productivité d'Excel. Une macro est un ensemble d'instructions ou de fonctions placées dans un fichier Excel et pouvant être exécutées chaque fois que nécessaire, automatisant les activités répétitives et permettant aux utilisateurs de gagner du temps.

Considérez le scénario suivant : un utilisateur doit produire un rapport de ventes hebdomadaire. Plutôt que d'appliquer manuellement le formatage chaque semaine, l'utilisateur peut enregistrer une macro qui le fait en appuyant sur un bouton.

Les macros peuvent également être utilisées pour automatiser des activités plus sophistiquées telles que le nettoyage des données, la génération de rapports et les calculs personnalisés. Bien que la création et l'utilisation de macros impliquent plus d'expertise technique que certaines autres fonctionnalités d'Excel, les gains de temps qu'elles procurent en valent la peine pour les utilisateurs qui effectuent quotidiennement des opérations répétitives dans Excel.

Astuce 4 : Utiliser Excel comme outil d'aide à la décision

Excel peut être un outil d'aide à la décision utile, en particulier lorsqu'il s'agit de situations compliquées avec plusieurs variables. L'analyse de simulation, une procédure qui permet aux utilisateurs de modifier une ou plusieurs variables dans un calcul pour observer comment ces changements influencent la conclusion, est une approche de l'utilisation d'Excel pour la prise de décision.

Prenons l'exemple d'un propriétaire d'entreprise qui décide d'acheter ou non une nouvelle pièce d'équipement. Le propriétaire de l'entreprise peut utiliser une analyse de simulation pour voir comment les modifications apportées à l'une de ces variables pourraient affecter la rentabilité de l'investissement en saisissant le coût des machines, l'augmentation attendue de la productivité, l'augmentation prévue des ventes et toute autre variable pertinente. dans une feuille de calcul Excel.

Excel peut aider à faire des choix plus éclairés et basés sur les données en donnant une approche quantitative claire pour évaluer des situations alternatives, stimulant ainsi l'ensemble du processus de prise de décision."

"Astuces Excel et raccourcis clavier

Raccourcis de navigation rapide et de sélection

La navigation efficace dans d'énormes fichiers Excel est essentielle pour la rapidité et l'efficacité. La touche "Ctrl", en conjonction avec les touches fléchées, est une approche pour une navigation rapide. "Ctrl + Flèche droite" transportera l'utilisateur à l'extrême droite de la zone de données actuelle, tandis que "Ctrl + Flèche vers le bas" amènera l'utilisateur au bas de la région de données. De même, "Ctrl + Flèche vers le haut" ou "Ctrl + Flèche vers la gauche" navigue rapidement vers le haut et l'extrême gauche.

Vous pouvez également utiliser la touche "Shift" en conjonction avec les raccourcis de navigation pour choisir les données lors du déplacement. "Maj + Ctrl + Flèche droite" sélectionnera, par exemple, toutes les cellules à droite à l'intérieur de la zone de données. Les utilisateurs peuvent gagner du temps en comprenant ces raccourcis de sélection rapide, en particulier lorsqu'ils traitent d'énormes ensembles de données.

Utilisation de la « poignée de remplissage » pour une saisie rapide des données

La "poignée de remplissage" est un petit carré situé dans le coin inférieur droit d'une cellule ou d'un groupe de cellules. Cette fonction Excel vous permet de copier rapidement des données ou des formules dans des cellules voisines ou de remplir une séquence de nombres, de dates ou même de listes personnalisées.

Par exemple, vous pouvez construire une succession de dates en tapant la date "2023-01-01" dans une cellule et en faisant glisser la poignée de remplissage tout en maintenant le bouton droit de la souris enfoncé. De plus, la poignée de remplissage peut remplir automatiquement des formules basées sur des références de cellule relatives ou absolues, minimisant considérablement les erreurs de saisie de données.

Filtre avancé pour le tri et l'extraction de données complexes

L'outil Filtre avancé d'Excel est un outil sophistiqué qui permet aux utilisateurs d'extraire des informations particulières d'un ensemble de données en fonction de divers critères. Le filtre avancé, contrairement au filtre automatique ordinaire, peut gérer des requêtes complexes, ce qui en fait une excellente option pour une analyse approfondie des données.

Par exemple, un utilisateur peut configurer un filtre avancé pour n'afficher que les lignes d'un rapport de ventes où le nom du vendeur est « John » et le montant des ventes est supérieur à 500 $. Les utilisateurs peuvent utiliser le filtre avancé pour effectuer des recherches complexes et récupérer des données exactes à partir de grandes feuilles de calcul, ce qui permet une analyse plus intelligente des données.

Formatage conditionnel pour une meilleure visualisation des données

La mise en forme conditionnelle dans Excel est une technique utile pour évaluer visuellement les données. Cette fonctionnalité permet aux utilisateurs de définir des règles de formatage appliquées aux cellules en fonction de leurs valeurs. Cela peut varier de l'utilisation d'échelles de couleurs pour souligner les nombres élevés ou faibles à l'utilisation de barres de données ou d'ensembles d'icônes pour afficher visuellement les données.

Les utilisateurs peuvent facilement repérer les tendances, les modèles et les valeurs aberrantes dans leurs données en utilisant efficacement la mise en forme conditionnelle, ce qui renforce leur capacité à faire des choix éclairés. Par exemple, un enseignant peut utiliser la mise en forme conditionnelle pour souligner les notes de tous les élèves d'une classe qui se situe en dessous d'un niveau donné, ce qui facilite l'identification des élèves qui pourraient avoir besoin de plus d'aide (Boogaard, 2018).

La puissance des tableaux croisés dynamiques pour la synthèse et l'analyse des données

Les tableaux croisés dynamiques sont l'un des outils les plus puissants d'Excel, permettant aux utilisateurs de résumer, d'analyser et d'afficher des données dans un style succinct et facile à digérer. Les utilisateurs peuvent tirer des informations précieuses de leurs données avec un minimum d'effort en traduisant instantanément de grandes quantités d'informations dans un tableau simple.

Un directeur des ventes, par exemple, peut utiliser un tableau croisé dynamique pour résumer rapidement les données de ventes d'une année par produit, vendeur ou emplacement. Le tableau qui en résulte permettrait à la direction d'identifier les biens, les vendeurs ou les lieux de vente les plus performants. Les tableaux croisés dynamiques sont devenus un outil formidable pour l'analyse approfondie des données et la création de rapports lorsqu'ils sont associés aux autres fonctionnalités de visualisation de données d'Excel."

Conclusion

"Après cette exploration approfondie du monde d'Excel 2023, vous devriez avoir confiance en votre capacité à utiliser la gamme diversifiée de fonctionnalités que ce programme de pointe a à offrir à ce stade. L'objectif du livre "Excel 2023 : Le guide illustré complet pour maîtriser toutes les fonctions et formules essentielles en moins de 18 minutes par jour" a toujours été de démystifier les fonctionnalités complexes d'Excel et de les présenter d'une manière à la fois informative et agréable. . Le titre complet du livre est "Excel 2023 : Le guide illustré complet pour maîtriser toutes les fonctions et formules essentielles en moins de 18 minutes par jour". Alors que nous nous rapprochons de plus en plus de la conclusion de ce guide, il est essentiel de prendre le temps de réfléchir aux informations acquises, aux capacités acquises et à la confiance qui s'est établie."

"Nous avons commencé par acquérir une compréhension fondamentale du bundle Office 365, puis nous avons procédé à une enquête approfondie sur les capacités et les avantages offerts par Excel 2023. Vous avez été guidé étape par étape à travers l'interface, qui devrait maintenant sembler à vous comme un environnement de travail bien connu et détendu dans lequel les chiffres et les fonctions prennent vie. Vous avez parcouru les chapitres, puis plongé dans les opérations d'Excel. Là, vous avez découvert que des exemples pratiques et des visuels uniques vous offraient une expérience d'apprentissage en temps réel, ce qui vous permettait de passer en douceur de la théorie à la pratique.

Au fur et à mesure que nous progressions dans les fonctionnalités plus complexes d'Excel, vous avez été guidé par la myriade d'outils permettant de gagner du temps et qui sont désormais à votre disposition pour rendre votre travail plus efficace. Vous êtes maintenant prêt à modifier les données d'une manière que vous n'aviez jamais pu faire auparavant puisque vous avez maîtrisé les principes des fonctions et des formules Excel et que vous avez créé vos propres formules. Vous êtes maintenant en mesure d'utiliser l'opportunité offerte par les données pour créer des récits intrigants.

Vous devenez un expert dans le processus de construction de tableaux et de graphiques, apprenant ainsi à représenter graphiquement les données d'une manière plus facile à comprendre et plus productive. Ensemble, nous avons parcouru les étapes de développement de feuilles de calcul conviviales, tout en étant conscients de l'importance d'un formatage, d'une structuration et d'une organisation corrects des données pour atteindre le plus haut niveau possible de lisibilité et d'utilité. En plus de cela, nous avons approfondi le sujet très important de la reconnaissance et de la prévention des erreurs typiques dans Excel. Vous êtes maintenant en mesure d'utiliser Excel avec un degré de prudence et de soin qui vous aidera à éviter les écueils puisque vous êtes équipé des meilleures pratiques et des stratégies de dépannage."

"Les tableaux croisés dynamiques, l'une des fonctionnalités les plus puissantes d'Excel, ne devraient plus être un mystère pour vous à ce stade. Vous devriez maintenant être en mesure d'utiliser efficacement cet outil pour effectuer des analyses de données et produire des rapports. L'adaptabilité d'Excel a été démontrée, mettant en lumière l'énorme valeur du logiciel dans un large éventail de paramètres professionnels et personnels. Nous espérons que l'examen d'exemples concrets et d'études de cas a inspiré de nouvelles applications d'Excel dans le contexte de votre situation particulière."

"La dernière partie de ce voyage vous a fourni des primes de productivité, des conseils, des tactiques et des stratégies qui vous permettront de fonctionner avec Excel aussi efficacement que possible, en maximisant votre productivité. Vous avez acquis des connaissances sur les stratégies de gestion du temps conçues pour fonctionner, en particulier avec Excel, et vous avez maintenant accès à une gamme de modèles téléchargeables. Ces outils inestimables peuvent donner une longueur d'avance à vos initiatives, ce qui vous fera gagner du temps et du travail."

Printed in France by Amazon
Brétigny-sur-Orge, FR

14803938R00089